CHOIX

DE

CANTIQUES

A L'USAGE

Des Conférences et des Exercices

DU

MOIS DE MARIE

DE LA

PAROISSE SAINT-SEVER.

EN VENTE

CHEZ E. CAGNIARD, IMPRIMEUR-LIBRAIRE,

Rue Saint-Sever, 77, et rue Percière, 29.

ROUEN.

CHOIX DE CANTIQUES.

1.

Adoro te supplex latens Deitas,
Quæ sub his figuris verè latitas ;
Tibi se cor meum totum subjicit,
Quia te contemplans totum deficit.

Jesu quem velatum nunc aspicio ,
Oro fiat illud quod tàm sitio,
Ut te revelatâ cernens facie,
Visu sim beatus tuæ gloriæ.

2.

Ave, maris Stella,
Dei Mater alma ,
Atque semper Virgo ,
Felix cœli porta.

Sumens illud Ave
Gabrielis ore,
Funda nos in pace ,
Mutans nomen Evæ.

Solve vincla reis ,
Profer lumen cæcis,
Mala nostra pelle,
Bona cuncta posce.

Monstra te esse matrem !
Sumat per te preces
Qui pro nobis natus
Tulit esse tuus.

1857

Virgo singularis,
Inter omnes mitis,
Nos culpis solutos,
Mites fac et castos.

Vitam præsta puram,
Iter para tutum,
Ut videntes Jesum,
Semper collætemur,

Sit laus Deo Patri,
Summo Christo decus,
Spiritui sancto,
Tribus honor unus. Amen.

3.

Ave verum Corpus, natum de Maria virgine!
Vere passum, immolatum in cruce pro homine;
Cujus latus perforatum unda fluxit cum sanguine.
Esto nobis prægustatum mortis in examine.
O Jesu dulcis! O Jesu pie! O Jesu fili Mariæ!

4.

Bone Pastor, Panis vere,
Jesu, nostri miserere;
Tu nos pasce, nos tuere,
Tu nos bona fac videre
In terra viventium.

Tu qui cuncta scis et vales,
Qui nos pascis hìc mortales,
Tuos ibi commensales,
Cohæredes et sodales
Fac sanctorum civium. Amen.

5.

Calicem salutaris accipiam, et nomen Domini
invocabo.

Quid retribuam Domino pro omnibus quæ
retribuit mihi?

Dirupisti vincula mea; tibi sacrificabo hostiam laudis.

6.

Kyrie, eleison.
Christe, eleison.
Kyrie, eleison.
Christe, audi nos.
Christe, exaudi nos.

Pater de cœlis, Deus, miserere nobis.
Fili, Redemptor mundi, Deus, miserere nobis.
Spiritus sancte, Deus, miserere nobis.
Sancta Trinitas, unus Deus, miserere nobis.

Sancta Maria,
Sancta Dei Genitrix,
Sancta Virgo virginum,
Mater Christi,
Mater divinæ gratiæ,
Mater purissima,
Mater castissima,
Mater inviolata,
Mater intemerata,
Mater amabilis,
Mater admirabilis,
Mater Creatoris,
Mater Salvatoris,
Virgo prudentissima,
Virgo veneranda,
Virgo prædicanda,
Virgo potens,
Virgo clemens,
Virgo fidelis,
Speculum justitiæ,
Sedes sapientiæ,
Causa nostræ lætitiæ,
Vas spirituale,
Vas honorabile,
Vas insigne devotionis,

Ora pro nobis.

Ora pro nobis.

Rosa mystica,
Turris Davidica,
Turris eburnea,
Domus aurea,
Fœderis Arca,
Janua cœli,
Stella matutina,
Salus infirmorum,
Refugium peccatorum,
Consolatrix afflictorum,
Auxilium Christianorum,
Regina Angelorum,
Regina Patriarcharum,
Regina Prophetarum,
Regina Apostolorum,
Regina Martyrum,
Regina Confessorum,
Regina Virginum,
Regina sanctorum omnium,
Regina, sinè labe concepta,

Ora pro nobis.

Agnus Dei, qui tollis peccata mundi, parce nobis, Domine.

Agnus Dei, qui tollis peccata mundi, exaudi nos, Domine.

Agnus Dei, qui tollis peccata mundi, miserere nobis.

Christe, audi nos. Christe, exaudi nos.

7.

Lætatus sum in his quæ dicta sunt mihi, in domum Domini ibimus.

Stantes erant pedes nostri in atriis tuis, Jerusalem.

Lætatus sum, etc.

Illuc enim ascenderunt tribus Domini.

Lætatus sum, etc.

Rogate quæ ad pacem sunt Jerusalem.

Lætatus sum, etc.

8.

Magnificat * anima mea Dominum.

Et exultavit spiritus meus * in Deo salutari meo;

Quia respexit humilitatem ancillæ suæ : * ecco enim ex hoc beatam me dicent omnes generationes;

Quia fecit mihi magna qui potens est, * et sanctum nomen ejus.

Et misericordia ejus à progenie in progenies * timentibus eum.

Fecit potentiam in brachio suo : * dispersit superbos mente cordis sui.

Deposuit potentes de sede, * et exaltavit humiles.

Esurientes implevit bonis, * et divites dimisit inanes.

Suscepit Israël puerum suum, * recordatus misericordiæ suæ.

Sicut locutus est ad patres nostros, * Abraham et semini ejus in secula.

Gloria Patri, et Filio, * et Spiritui sancto;

Sicut erat in principio, et nunc, et semper. * et in sœcula sœculorum. Amen.

9.

1.   Omni die,
        Dic Mariæ
    Meæ laudes animæ,
        Ejus festa,
        Ejus gesta
    Cole splendidissima.

REFRAIN.

    Contemplare
    Et mirare
Ejus celsitudinem.
    Dic felicem

Genitricem,
Dic beatam Virginem.

2.
Ipsam cole,
Ut de mole
Criminum te liberet;
Hanc appella,
Ne procella
Vitiorum superet.

3.
Sine fine
Dic Reginæ
Mundi laudis cantica,
Hujus bona
Semper sona,
Semper illam prædica:

4.
Hujus mores
Tanquam flores
Exornant Ecclesiam;
Actiones
Et sermones
Miram præstant gratiam.

5.
Evæ crimen
Nobis limen
Paradisi clauserat;
Hæc, dum credit
Et obedit,
Cœli claustra reserat.

6.
Propter Evam,
Homo sævam
Accepit sententiam:
Per Mariam
Habet viam
Quæ ducit ad Patriam.

7.
Ipsa donet
Ut quod monet

Natus ejus faciam,
Et finita
Carnis vita,
Lœtus hunc aspiciam.

8. O cunctarum
Feminarum
Decus atque gloria,
Quam probatam
Et elatam
Scimus super omnia.

9. Vitæ forma;
Morum norma,
Plenitudo gratiæ,
Dei templum,
Et exemplum
Totius justitiæ!

10. Opto nimis
Ut imprimis
Des mihi memoriam,
Ut decenter,
Et frequenter
Tuam cantem gloriam.

11. Pulchra tota,
Sine nota
Cujuscumque maculæ,
Fac nos mundos
Et jucundos
Te laudare sedulè.

12. O beata,
Per quam data
Nova mundo gaudia,
Et aperta
Fide certa
Regna sunt cœlestia!

13. Per quam mundus
Lætabundus

Vero fulget lumine,
Antiquarum
Tenebrarum
Offusus caligine.

14.
Mundi luxus
Atque fluxus
Docuisti spernere;
Deum quæri,
Carnem teri,
Vitiis resistere.

15.
Mater facta,
Sed intacta,
Genuisti Filium,
Regem regum,
Atque rerum
Creatorem omnium.

16.
Benedictus
Rex invictus,
Cujus Mater crederis;
Qui creatus,
Ex te natus,
Nostri salus generis.

17.
Quod requiro,
Quod suspiro,
Mea sana vulnera;
Et da menti
Te poscenti
Gratiarum munera.

18.
Ut sim castus
Et modestus.
Dulcis, blandus, sobrius,
Pius, rectus,
Circumspectus,
Simultatis nescius;

19.
Eruditus
Et munitus

Divinis eloquiis;
Et beatus
Et ornatus
Sacris exercitiis;

20. Constans, gravis
Et suavis,
Benignus, amabilis,
Simplex, purus
Et maturus,
Comis et affabilis.

21. Corde prudens,
Ore studens
Veritatem dicere,
Malum nolens,
Deum colens
Pio semper opere.

22. Commendato
Me beato
Christo tuo Filio:
Ut non cadam,
Sed evadam
De mundi naufragio.

23. Esto tutrix
Et adjutrix
Christiani populi:
Pacem præsta,
Ne molesta
Nos perturbent sœculi.

24. Tua dulci
Prece fulci
Supplices, et refove;
Quidquid gravat
Et depravat
Mentes nostras remove.

25. Fac nos mites,
Pelle lites,

Compesce lasciviam;
Contra crimen,
Da munimen
Et mentis constantiam.

26.   Ora Deum
Ut cor nostrum
Sua servet gratia,
Nec antiquus
Inimicus
Seminet zizania.

27.   Da levamen
Et tutamen
Tuum illis jugiter,
Tua festa,
Tua gesta
Qui colunt alacriter,
Amen.

10.

O salutaris Hostia,
Quæ cœli pandis ostium!
Bella premunt hostilia;
Da robur, fer auxilium.

Uni trinoque Domino
Sit sempiterna gloria,
Qui vitam sine termino
Nobis donet in patria. Amen.

11.

Panis angelicus fit Panis hominum;
Dat Panis cœlicus figuris terminum.
O res mirabilis! manducat Dominum
Pauper, servus et humilis.

Te, trina Deitas unaque, poscimus:
Sic nos tu visita, sicut te colimus;
Per tuas semitas duc nos quò tendimus,
Ad lucem quam inhabitas. Amen.

12.

Regina cœli, lætare, alleluia.
Quia quem meruisti portare, alleluia.
Resurrexit sicut dixit, alleluia.
Ora pro nobis Deum, alleluia.

13.

Tantum ergo Sacramentum
Veneremur cernui ;
Et antiquum documentum
Novo cedat ritui.
Præstet fides supplementum
Sensuum defectui.

Genitori Genitoque
Laus et jubilatio,
Salus, honor, virtus quoque,
Sit et benedictio ;
Procedenti ab utroque
Compar sit laudatio. Amen.

14.

Adressons notre hommage
A la Reine des cieux ;
Elle aime de notre âge
La candeur et les vœux.
Du beau nom de Marie
Faisons tout retentir ;
Qu'elle-même, attendrie,
Daigne nous applaudir.
Tout ici parle d'elle :
Son nom règne en ces lieux,
Nous croissons sous son aile,
Nous vivons sous ses yeux.
Cet autel est le trône
D'où coulent ses faveurs ;
Son divin Fils lui donne
Tous ses droits sur nos cœurs.

Pour nous, qu'elle rassemble
Au pied de son autel,
Jurons-lui tous ensemble
Un amour éternel.
Marie est notre mère ;
Nous sommes ses enfants ;
Consacrons à lui plaire
Le printemps de nos ans.

O Vierge sainte et pure !
Notre cœur, en ce jour,
Vous promet et vous jure
Un éternel amour.
Nous voulons, avec zèle,
Imiter vos vertus ;
Vous êtes le modèle
Que suivent les élus.

Protégez-nous sans cesse
Dès nos plus tendres ans ;
Guidez notre jeunesse,
Veillez sur vos enfants ;
Et parmi les orages
D'un monde séducteur
Sauvez-nous des naufrages
Où périt la candeur.

15.

Aimons Jésus, pour nous en croix ;
N'est-il pas bien juste qu'on l'aime,
Puisqu'en expirant sur ce bois,
Il nous aima plus que lui-même ?

REFRAIN.

Chrétiens, chantons à haute voix :
Vive Jésus ! Vive sa Croix !

Gloire à cette divine Croix !
Le Sauveur l'ayant épousée,
Elle n'est plus, comme autrefois,
Un objet d'horreur, de risée.

Gloire à cette divine Croix !
Arbre dont le fruit salutaire
Répare le mal qu'autrefois
Fit le péché du premier père.

Gloire à cette divine Croix !
C'est l'étendard de sa victoire :
Par elle il nous donna ses lois,
Par elle il entra dans sa gloire.

Gloire à cette divine Croix !
De tous nos biens source féconde,
Qui dans le sang du Roi des rois
A lavé les péchés du monde.

Gloire à cette divine Croix !
La chaire de son éloquence,
Où, me prêchant ce que je crois,
Il m'apprend tout par son silence.

Gloire à cette divine croix !
Ce n'est pas le bois que j'adore,
Mais c'est mon Sauveur sur ce bois
Que je révère et que j'implore.

Avec Jésus aimons sa Croix ;
Prenons-la pour notre partage :
Ce juste, cet aimable choix
Conduit au céleste héritage.

16.

Au Dieu d'amour gloire à toute heure,
Honneur à jamais, en tous lieux !
Pour nous il abaisse les cieux,
Près de nous il fait sa demeure.

REFRAIN.

Non, non, non de tant de bienfaits
Ne perdons jamais la mémoire.
Non, non, non, ne cessons jamais
De publier partout sa gloire.

Des grands, des puissants de la terre
Il ne cherche pas les palais ;
D'un cœur pur les simples attraits
Ont seuls le bonheur de lui plaire.
 Non, non, etc.

L'autel est son trône de grâce,
Il y règne au milieu de nous ;
Son divin cœur, ouvert à tous,
Nous attend pour y prendre place.
 Non, non , etc.

Près de nous sa vive tendresse
Le retient la nuit et le jour ;
A lui faire souvent la cour,
N'est-il pas juste qu'on s'empresse ?
 Non, non, etc.

Dans nos travaux, dans nos misères,
Il est le Dieu consolateur ;
Et dans ses regrets, le pécheur
Trouve en lui le meilleur des pères.
 Non, non, etc.

Oui, dans ce mystère adorable,
Jésus pour nous brûle d'amour ;
Pour lui, désormais, en retour,
Brûlons d'un amour ineffable.
 Non, non, etc.

Pleins d'une douce confiance,
Prosternons-nous à son autel,
Et qu'un dévoûment éternel
Prouve notre reconnaissance.
 Non, non, etc.

17.

Au fond des brûlants abîmes,
Nous gémissons, nous pleurons ;
Et pour expier nos crimes,
Loin de Dieu nous y souffrons.

Hélas! hélas!
Feu vengeur, de tes victimes
Les pleurs ne t'éteignent pas.

A l'aspect de nos supplices,
Chrétiens, attendrissez-vous;
A nos maux soyez propices,
O nos frères! sauvez-nous!
Hélas! hélas!
Le Ciel, sans vos sacrifices,
Ne les abrégera pas.

De ces flammes dévorantes
Vous pouvez nous arracher;
Hâtez-vous, âmes ferventes!
Dieu se laissera toucher.
Hélas! hélas!
De ses peines si cuisantes
La fin ne vient-elle pas?

Grand Dieu! de votre justice
Désarmez le bras vengeur;
Que notre malheur finisse
Par le sang d'un Dieu sauveur!
Hélas! hélas!
Votre main libératrice
Ne s'étendra-t-elle pas?

18.

Au sang qu'un Dieu va répandre
Ah! mêlez du moins vos pleurs,
Chrétiens qui venez entendre
Le récit de ses douleurs.
Puisque c'est pour vos offenses
Que ce Dieu souffre aujourd'hui,
Animés par ses souffrances,
Vivez et mourez pour lui.

Dans un jardin solitaire
Il sent de rudes combats;
Il prie, il craint, il espère;
Son cœur veut et ne veut pas.

Tantôt la crainte est plus forte,
Et tantôt l'amour plus fort ;
Mais enfin l'amour l'emporte
Et lui fait choisir la mort.

Judas, que la fureur guide,
L'aborde d'un air soumis ;
Il l'embrasse, et ce perfide
Le livre à ses ennemis.
Judas, un pécheur t'imite,
Quand il feint de l'appaiser ;
Souvent sa bouche hypocrite
Le trahit par un baiser.

On l'abandonne à la rage
De cent tigres inhumains ;
Sur son aimable visage
Les soldats portent leurs mains.
Vous deviez, anges fidèles,
Témoins de ces attentats,
Ou le mettre sous vos ailes,
Ou frapper tous ces ingrats.

Ils le traînent au grand-prêtre,
Qui seconde leur fureur
Et ne veut le reconnaître
Que pour un blasphémateur.
Quand il jugera la terre,
Ce Sauveur aura son tour.
Aux éclats de son tonnerre,
Tu le connaîtras un jour.

Tandis qu'il se sacrifie,
Tout conspire à l'outrager ;
Pierre lui-même l'oublie
Et le traite d'étranger.
Mais Jésus perce son âme
D'un regard tendre et vainqueur,
Et met, d'un seul trait de flamme,
Le repentir dans son cœur.

Chez Pilate on le compare
Au dernier des scélérats;
Qu'entends-je, ô peuple barbare!
Tes cris sont pour Barrabas!
Quelle indigne préférence!
Le juste est abandonné;
On condamne l'innocence,
Et le crime est pardonné.

On le dépouille, on l'attache;
Chacun arme son courroux;
Je vois cet agneau sans tache
Tombant presque sous les coups.
C'est à nous d'être victimes;
Arrêtez, cruels bourreaux :
C'est pour effacer vos crimes
Que son sang coule à grand flots !

Une couronne cruelle
Perce son auguste front :
A ce chef, à ce modèle,
Mondains, vous faites affront.
Il languit dans les supplices :
C'est un homme de douleurs;
Vous vivez dans les délices,
Vous vous couronnez de fleurs.

Il marche, il monte au Calvaire
Chargé d'un infâme bois :
De là, comme d'une chaire,
Il fait entendre sa voix :
« Ciel, dérobe à ta vengeance
» Ceux qui m'ôsent outrager. »
C'est ainsi, quand on l'offense,
Qu'un chrétien doit se venger.

Une troupe mutinée
L'insulte et crie à l'envi :
« S'il changeait sa destinée,
» Oui, nous croirions tous en lui. »

Il peut la changer sans peine,
Malgré vos nœuds et vos clous ;
Mais le nœud qui seul l'enchaîne,
C'est l'amour qu'il a pour nous.

Ah ! de ce lit de souffrance,
Seigneur, ne descendez pas ;
Suspendez votre puissance ;
Restez-y jusqu'au trépas.
Mais tenez votre promesse,
Attirez-nous après vous ;
Pour prix de votre tendresse,
Puissions-nous y mourir tous !

Il expire, et la nature
Dans lui pleure son auteur ;
Il n'est point de créature
Qui ne marque sa douleur.
Un spectacle si terrible
Ne pourrait-il me toucher !
Et serai-je moins sensible
Que n'est le plus dur rocher ?

19.

Aux chants de la reconnaissance,
Peuples, unissez vos accords ;
Dans le temple de l'innocence,
Faites éclater vos transports.

REFRAIN.

Sion, conserve la mémoire
Des bienfaits du Dieu de mon cœur ;
Le servir est toute ma gloire,
Et l'aimer fera mon bonheur.

Quoi ! pour Dieu serais-je insensible ?
Quel autre objet peut me charmer ?
Non, lui-même à mon cœur sensible
Apprit l'art si doux de l'aimer.

De vos bienfaits, ô père tendre !
Quel sera le juste retour ?
Je veux enfin, je veux vous rendre
Désormais amour pour amour.

Formez des concerts d'allégresse,
Livrez-vous aux plus doux transports;
Peuples, tribus, que tout s'empresse
D'unir sa voix à nos accords.

Jeunes élus, chantez sa gloire,
Et qu'un monument éternel
Consacre en vos cœurs la mémoire
D'un jour si beau, si solennel.

Encouragés par votre exemple
Et par nos célestes transports,
Faites tous retentir le temple
Des plus harmonieux accords.

20.

Beau ciel ! éternelle patrie,
Vous épuisez tous mes désirs ;
Le monde, ses biens, ses plaisirs
N'ont plus rien qui me fasse envie.

REFRAIN.

Dieu d'amour,
Quand m'appellerez-vous au céleste séjour ?
Ici, malgré ma vigilance,
Toujours quelque infidélité;
Mais dans ce séjour enchanté,
On aime et jamais on n'offense.

Là point de maux, point de souffrance,
C'est le partage d'ici-bas :
La vie est le temps des combats,
Le ciel en est la récompense.

O mort ! viens finir mes alarmes,
Rends mon âme à son Créateur.
Ah ! la vie est-elle un bonheur,
Quand on y verse tant de larmes.

O bonheur qui jamais ne lasse !
O pure et douce volupté !
Le Dieu d'éternelle beauté
Se montre aux élus face à face.

Grand Dieu que j'adore et que j'aime,
Vous ferez donc tout mon bonheur !
Là, vous remplirez tout mon cœur.
Le ciel, c'est Dieu, c'est Dieu lui-même.

Je l'entends : grand Dieu ! tu m'appelles.
Encore un moment de travaux,
Et je vais goûter le repos
Et les délices éternelles.

21.

Bénissons à jamais
Le Seigneur dans ses bienfaits.

Bénissez-le, saints anges,
Louez sa majesté,
Rendez à sa bonté
Mille et mille louanges.
Bénissons, etc.

Fut-il jamais un père.
Qui de ses chers enfants,
Par des soins plus touchants,
Soulageât la misère ?
Bénissons, etc.

Pasteur tendre et fidèle,
Sans craindre le travail,
Il ramène au bercail
Une brebis rebelle.
Bénissons, etc.

Par lui cesse la peine
Qui désolait mon cœur,
Et, du monde vainqueur,
Je vois briser ma chaîne.
Bénissons, etc.

Il console mon âme,
La nourrit de son pain ;
A ce banquet divin
Il veut qu'elle s'enflamme.
 Bénissons, etc.

Sa bonté me supporte,
Sa lumière m'instruit,
Sa beauté me ravit,
Son amour me transporte.
 Bénissons, etc.

Oui, sa douceur m'entraîne,
Sa grâce me guérit,
Sa force m'affermit,
Sa charité m'enchaîne.
 Bénissons, etc.

Dieu seul est ma richesse,
Dieu seul est mon soutien,
Dieu seul est tout mon bien ;
Je redirai sans cesse :
 Bénissons, etc.

22.

REFRAIN.

Bravons les enfers,
 Et brisons nos fers,
Sortons de l'esclavage.
 Unissons nos voix,
 Rendons à la Croix
Un sincère et public hommage.

Chrétiens, j'entends autour de nous
Retentir la voix de l'impie ;
Fureur vaine, impuissant courroux !
Il blasphème, et moi, je m'écrie :

Jurons haine au respect humain,
Brisons cette idole fragile ;
Sur ses débris que notre main
Elève un trône à l'Evangile.

Chrétiens, d'une vaine terreur
Serions-nous encor la victime ?
Qu'il soit banni de notre cœur,
Le cruel tyran qui l'opprime.

Partout flottent les étendards
Qu'arbore à nos yeux la licence ;
Faisons briller à ses regards
La bannière de l'innocence.

Tout chrétien doit être un soldat
Rempli d'ardeur, né pour la gloire :
Quand son chef le mène au combat,
Tremblant, il fuirait la victoire !...

Seigneur, ton camp sera le mien ;
Tant qu'il coulera dans mes veines
Quelques gouttes du sang chrétien,
Monde, tes menaces sont vaines.

Divin Roi, jusqu'à mon trépas
Mon cœur te restera fidèle ;
Puisse la Croix, guidant mes pas,
Me voir vivre et mourir pour elle !

23.

C'est le nom de Marie
Q'on célèbre en ce jour.
O famille chérie !
Chantez ce nom d'amour.

C'est le nom d'une mère :
Chantez, heureux enfants ;
Unissez pour lui plaire
Et vos cœurs et vos chants.

C'est un nom de puissance,
Un nom plein de douceur ;
Mais toujours sa clémence
Surpasse sa grandeur.

C'est un nom de victoire :
Il dompte les enfers,
Il nous donne la gloire
De briser tous nos fers.

C'est un nom d'espérance
Au pécheur repentant,
Un gage d'innocence
Au cœur juste et fervent.

Il n'est rien de plus tendre,
Il n'est rien de plus fort :
Le ciel aime à l'entendre ;
Pour l'enfer c'est la mort.

Il est doux à la terre,
Il est plus doux au ciel ;
Un cœur pur le préfère
A la douceur du miel.

La parole première,
Que dit Jésus enfant,
Fut le nom de sa Mère,
Qu'il dit en souriant.

C'est le nom de ma Mère !
Au dernier de mes jours,
A mon heure dernière,
Qu'il soit tout mon secours.

24.

C'est trop longtemps être rebelle
A la voix d'un Dieu souverain ;
Aujourd'hui ce Dieu vous appelle,
Ah ! que ce ne soit pas en vain.

REFRAIN.

Il en est temps, pécheur ;
Revenez au Seigneur.

Pour un plaisir si peu durable
Qu'on goûte dans l'iniquité,
Faut-il que ce Maître adorable
De votre cœur soit rejeté ?

C'est sa bonté qui vous fit naître ;
Seul il mérite votre amour ;
N'avez-vous de lui reçu l'être
Que pour l'outrager chaque jour ?

Si vous suivez toujours du crime
Les faux et dangereux appas,
Craignez de tomber dans l'abîme
Qui se prépare sous vos pas.

Dans une paix qui vous abuse
Vous passez vos jours malheureux ;
Du démon la perfide ruse
Vous cache cet état affreux.

Dans cette triste léthargie,
Savez-vous quel est votre sort?
Hélas ! vous semblez plein de vie,
Et devant Dieu vous êtes mort.

Vous méritez que sa colère
Vous fasse ressentir ces coups,
Que sur vous en juge sévère,
Il décharge tout son courroux.

Quoi donc? toujours être insensible
Au péril de l'éternité !
Peut-on rien voir de plus horrible
Que votre insensibilité !

Que votre état est déplorable !
Ah ! cessez de vous obstiner ;
Voici le moment favorable
Où Dieu cherche à vous ramener.

Gémissant sur votre misère,
Le cœur pénétré de regrets,
Recourez à ce tendre Père,
Et n'aimez que lui désormais.

25.

Chantons, chantons Marie.
Chantons ses grandeurs.
O Vierge chérie !
Règne dans nos cœurs.

Au concert des anges
Unissons nos voix ;
Chantons ses louanges,
Fêtons ce beau mois.

O mystique rose,
Parfum du saint lieu ;
Tendre fleur éclose
Au souffle de Dieu.

O perle qui brille
D'un éclat Divin,
Astre qui scintille,
Espoir du matin !

A son sanctuaire,
J'irai chaque jour
Porter à ma mère
Mon tribut d'amour.

Par tes chastes flammes.
Mère de Jésus,
Allume en nos âmes
L'amour des vertus.

O reine immortelle,
Accueille nos chants,
Et sous ta tutelle
Prends tous tes enfants !

26.

Comblez mes vœux et devancez l'aurore,
O Dieu d'amour, digne objet de nos cœurs !

Quels plaisirs purs, quelles chastes douceurs !
Oui, je le sens, c'est le Dieu que j'adore.

Tendre Jésus ! votre amour me dévore ;
Vous m'enflammez des plus vives ardeurs.

O douce paix que le pécheur ignore !
Enivrez-moi, faites couler mes pleurs.

D'être à vous seul pour toujours, je m'honore ;
Je cède enfin à vos attraits vainqueurs !

Oui c'en est fait, ô mon Dieu ! je déplore,
D'un cœur ingrat les coupables erreurs.

Monde insensé, pour jamais je t'abhorre ;
Loin, loin de moi tous tes charmes trompeurs !

27.

Dans ce profond mystère
Où la foi sait vous voir,
Tout en nous vous révère
Vous fixez notre espoir.

A la fin de la vie,
Divine Eucharistie,
Nourris du pain de votre amour,
Dans la cité chérie
Nous vous verrons un jour.

Ah ! puissions-nous sans cesse
Puiser dans votre cœur
La divine sagesse
Qui mène au vrai bonheur.

Sur nous daignez répandre
Vos bénédictions ;
Faites-nous bien comprendre
La grandeur de vos dons.

28.

De la Reine des cieux
Que j'aime à contempler l'image !
Et mon cœur et mes yeux
Ont toujours compris son langage !
Elle me dit en souriant :
   Viens, mon enfant !

Je vois l'enfant divin
Dormir sur le sein de sa mère ;
Elle me tend la main :
Ne crains pas , Jésus est ton frère ;
Viens, me dit-elle en souriant,
   Viens, mon enfant !

Alors qu'elle n'a pas
Jésus, l'objet de sa tendresse,
Elle me tend les bras ;
Son amour m'appelle et me presse ;
Elle me dit en souriant :
   Viens, mon enfant !

J'irai donc à l'autel
Revoir son image chérie :
Et toi du haut du ciel
En me voyant, tendre Marie,
Tu me diras en souriant :
   Viens, mon enfant !

29.

De nouveaux feux le ciel se pare ;
Un céleste et brillant flambeau
Vient au genre humain qui s'égare
Découvrir un chemin nouveau ;
Des Rois en suivent les indices ;
A Jésus ils portent leurs vœux ;
Mais ces Rois étaient nos prémices ,
Et Jésus nous appelle en eux.

Déjà l'amour qui le fit naître,
Par les maux du monde excité,
Brûle de le faire connaître
A l'aveugle Gentilité.
Le Dieu sauveur se manifeste ;
La gloire éclate dans les cieux
Et dissipe l'erreur funeste
Qui produisit tant de faux dieux.

Peuples assis dans les ténèbres,
Couverts des ombres de la mort,
Déchirez ces voiles funèbres :
Le ciel veut changer votre sort.
Sortez de votre nuit profonde,
Hâtez-vous, à Jésus venez :
Il est la lumière du monde
Et le roi des prédestinés.

L'étoile annonce votre maître,
Du Ciel vous entendez la voix.
Mais à quel signe reconnaître
Le Dieu que recherchent les rois ?
Sera-ce le concert des anges ?
Du nouvel astre la splendeur ?
Non : une crèche, de vils langes
Sont les marques du Dieu sauveur.

Malgré cette faible apparence,
Chargés de vœux et de présents,
Les rois offrent à son enfance
La myrrhe et l'or avec l'encens
Leur foi, sensible à cet emblème,
Nous instruit en reconnaissant
L'homme immortel, le Dieu suprême,
Le roi des rois dans un enfant.

Hérode craint pour sa couronne
Quand on proclame un nouveau Roi ;
Le tyran tremble sur son trône,
Jérusalem est dans l'effroi.

Si de la crèche et de l'étable
Cet enfant trouble les pervers,
Qu'il nous paraîtra redoutable
Quand il jugera l'univers !

Enfant, adoré par les Mages,
Enfant, des démons la terreur,
Recevez mes humbles hommages ;
Vous connaître est le vrai bonheur.
Si je suis enfant de l'Église,
Je le dois à votre bonté ;
Que cette grâce me conduise
A vous voir dans l'éternité.

30.

D'être enfants de Marie
    Oh ! qu'il nous est doux !
Venez, troupe chérie,
    Honorons-la tous.

REFRAIN.

Chantons ses louanges
    Dans un si beau jour ;
Imitons les anges,
    Qui brûlent d'amour.

Aux pieds de votre image
    Voyez vos enfants,
Ils vous offrent l'hommage
    De leurs jeunes ans.

Daignez, ô tendre Mère !
    Exaucer nos vœux ;
Que notre humble prière
    Pénètre les cieux.

31.

Dieu va déployer sa puissance ;
Le temps comme un songe s'enfuit.

Les siècles sont passés, l'éternité commence ;
Le monde va rentrer dans l'horreur de la nuit.

        Dieu, etc.

J'entends la trompette effrayante ;
    Quel bruit, quels lugubres éclairs !
Le Seigneur a lancé la foudre étincelante,
Et ses feux dévorants embrassent l'univers.

        J'entends, etc.

Les monts foudroyés se renversent.
    Les êtres sont tous confondus ;
La mer ouvre son sein, les ondes se dispersent,
Tout est dans le chaos et la terre n'est plus.

        Les monts, etc.

Sortez des tombeaux, ô poussière !
Dépouille des pâles humains :   [mière ;
Le Seigneur vous appelle, il vous rend la lu-
Il va sonder les cœurs et fixer vos destins.

        Sortez, etc.

Il vient ! tout est dans le silence.
    Sa croix porte au loin la terreur :
Le pécheur consterné frémit à sa présence.
Et le juste lui-même est saisi de frayeur.

        Il vient, etc.

Assis sur un trône de gloire,
    Il dit : Venez, ô mes élus !
Comme moi, vous avez remporté la victoire ;
Recevez de mes mains le prix de vos vertus.

        Assis, etc.

Tombez dans le sein des abîmes,
    Tombez, pécheurs audacieux !
De mon juste courroux immortelles victimes,
Vils suppôts des démons, vous brûlerez comme
        Tombez, etc.   [eux

Vous n'êtes plus, vaines chimères,
    Objets d'un sacrilége amour :   [frères,
Fléaux du genre humain , oppresseurs de vos
Héros tant célébrés, qu'êtes-vous en ce jour ?
            Vous n'êtes, etc.

    Triste éternité de supplices,
    Tu vas donc commencer ton cours !
De l'heureuse Sion ineffables délices,   [jours.
Bonheur, gloire des saints, vous durerez tou-
            Triste éternité, etc.

    Grand Dieu ! qui sera la victime
    De ton implacable fureur ?   [prime !
Quel noir pressentiment me tourmente et m'op-
La crainte et le remords me déchirent le cœur.
            Grand Dieu ! etc.

    De tes jugements, Dieu sévère ,
    Pourrai-je subir les rigueurs ?
J'ai péché, mais ton sang désarme ma colère ;
J'ai péché , mais mon crime est éteint par mes
            De tes jugements, etc.   [pleurs.

32.

    Divine Marie ,
    J'ai l'espoir,
    Au Ciel ma patrie ,
    De te voir.

Je la verrai, cette Mère chérie ;
Ce doux espoir fait palpiter mon cœur.
Elle est si bonne et si tendre, Marie,
Qu'un seul regard ferait tout mon bonheur.
            Divine Marie, etc.

Je fus toujours l'enfant de sa tendresse ;
Mais plus je fus comblé de ses bienfaits,
Et plus j'éprouve en l'âme de tristesse !
Je la chéris et ne la vois jamais.
            Divine Marie, etc.

Je la chéris et me plais à redire
Son nom si doux à chaque instant du jour ;
A chaque instant je me plais à l'écrire,
Je le répète et l'écris tour à tour.
        Divine Marie, etc.

Je vais, cherchant son image fidèle ;
Mais nulle part je ne suis satisfait.   [belle,
Ah ! dans mon cœur ma Mère est bien plus
Et ce tableau, lui-même, est imparfait.
        Divine Marie, etc.

Combien encore durera son absence.
A chaque fête elle vient en ce lieu ;
Mais sans la voir, je suis en sa présence,
Et ce jour fuit, adieu, ma Mère ! adieu.
        Divine Marie, etc.

33.

Du beau mois de Marie
Chantons le fortuné retour ;
A la Mère chérie
Disons un chant d'amour.

Ce mois de la nature est le plus bel ouvrage ;
Tout y ravit le cœur, tout y charme les yeux.
Des plaisirs qu'il amène allons offrir l'hommage
A celle qui suffit pour rendre un cœur heureux.

De ses plus verts rameaux, de ses fleurs les plus
                                [belles,
Pour parer ses autels dépouillons le printemps :
De ses bénignes mains, et de fleurs immortelles,
Marie un jour ceindra le front de ses enfants.

A parler de Marie en ce mois tout conspire ;
La pureté de l'air et la beauté du ciel
Répètent à l'envi, que sous ton doux empire,
L'on goûte, aimable Reine, un printemps éternel.

Lorsqu'à l'ombre des bois, au bord de la prairie,
J'écoute des oiseaux les concerts ravissants,
Une autre voix me dit : Dans le sein de Marie
Il est d'autres douceurs pour les cœurs innocents.

Venez, heureux enfants, vous donner à Marie ;
Venez : le monde a-t-il de si riants appas ?
Venez, en soulageant les maux de notre vie,
Son amour vers le ciel guide encore nos pas.

34.

Du haut des cieux, ô notre auguste Mère,
    Vois à tes pieds tes enfants.
Du haut des cieux, exauce leur prière,
    Et rends leurs cœurs innocents.

Du haut des cieux, tu vois partout le monde
    Semer des fleurs sur nos pas.
Du haut des cieux, que ta vertu confonde
    Le monde avec ses appas.

Du haut des cieux, pour nous livrer la guerre,
    Tu vois s'armer les méchants.
Du haut des cieux, tends ton bras tutélaire,
    Et nous serons triomphants.

Du haut des cieux, tu vois d'épais nuages
    Paraître, Marie, et soudain,
Du haut des cieux, dissipe les orages,
    Rends le ciel pur et serein.

Du haut des cieux, sainte Vierge Marie,
    Daigne écouter nos serments :
Nous le jurons, oui, toute notre vie,
    Nous serons tous tes enfants.

35.

Du haut du céleste séjour,
Où la gloire est votre apanage,
Marie, agréez en ce jour
Et notre encens et notre hommage.

Du péché brisons les liens,
Du monde abjurons la folie :
Notre amour, nos cœurs et nos biens,
Nous consacrons tout à Marie.

En vain, par l'amour du plaisir,
Le monde cherche à nous séduire :
Nos cœurs n'ont point d'autre désir
Que de vivre sous votre empire.
Le monde est aveugle et trompeur ;
Ses plaisirs ne sont que folie,
Et pour trouver le vrai bonheur,
Nous nous consacrons à Marie.

Anges, témoins de nos douleurs,
Peignez à cette tendre Mère
Et nos dangers et nos frayeurs,
Dans ce lieu d'exil, de misère.
Battus des flots et loin du port,
Nous soupirons vers la patrie ;
Pour obtenir un heureux sort,
Nous nous consacrons à Marie.

Sur nous, de vos riches faveurs,
Seigneur, répandez l'abondance,
Faites germer dans tous les cœurs
La douce paix de l'innocence.
Nous serons prêts à professer
De la croix la sainte folie,
Et, pour ne jamais nous lasser,
Nous suivrons les pas de Marie.

36.

D'une Mère chérie
Célébrons les grandeurs,
Consacrons à Marie
Et nos voix et nos cœurs.

De concert avec l'ange,
Quand il la salua,
Disons à sa louange
Un Ave Maria.

Modeste créature,
Elle plut au Seigneur,
Et, Vierge toujours pure,
Enfanta le Sauveur.

Nous étions la conquête
Du tyran des enfers ;
En écrasant sa tête,
Elle a brisé nos fers.

Que l'espoir se relève
Dans nos cœurs abattus ;
Par cette nouvelle Eve,
Les cieux nous sont rendus.

O Marie ! ô ma Mère !
Prenez soin de mon sort ;
C'est en vous que j'espère
En la vie, à la mort.

Obtenez-nous la grâce,
A notre dernier jour,
De vous voir face à face
Au céleste séjour.

37.

Du roi des cieux tout célèbre la gloire,
Tout à mes yeux peint un Dieu créateur ;
De ses bienfaits perdrais-je la mémoire ?
Tout l'univers m'annonce son auteur.
L'astre du jour m'offre, par sa lumière,
Un faible trait de sa vive clarté ;
Au bruit des flots, à l'éclat du tonnerre,
Je reconnais le Dieu de majesté.

Charmants oiseaux de ce riant bocage,
Chantez, chantez, redoublez vos concerts ;
Par vos accents rendez un digne hommage
Au Dieu puissant qui régit l'univers ;
Par vos doux sons, votre tendre ramage,
Vous inspirez l'innocence et la paix,
Et vos plaisirs, du moins, ont l'avantage
Que les remords ne les suivent jamais.

Aimables fleurs qui parez ce rivage,
Et que l'aurore arrose de ses pleurs,
De la vertu vous me tracez l'image,
Par l'éclat pur de vos vives couleurs ;
Si vous séchez où l'on vous voit éclore,
Et ne brillez souvent qu'un jour ou deux,
Votre parfum après vous dure encore,
De la vertu symbole précieux !

Charmant ruisseau qu'on voit dans la prairie
Fuir, serpenter, précipiter ton cours,
Tel est, hélas ! le cours de notre vie :
Comme tes eaux s'écoulent nos beaux jours.
Tu vas te perdre, à la fin de ta course,
Au sein des mers, d'où jamais rien ne sort ;
Et tous nos pas, ainsi, dès notre source,
Toujours errants, nous mènent à la mort.

Petit mouton, qui pais dans cette plaine,
Que tu me plais par ta docilité !
Au moindre mot du berger qui te mène,
On te voit suivre avec fidélité.
Si des pasteurs choisis pour nous conduire
Nous écoutions comme toi la leçon,
Des loups cruels voudraient en vain nous nuire ;
Tu suis l'instinct mieux que nous la raison.

Cher papillon, qui d'une aile légère,
De fleur en fleur voles sans t'arrêter,
De nos désirs tel est le caractère :
Aucun objet ne nous peut contenter.

Nous courons tous de chimère en chimère,
Croyant toujours toucher au vrai bonheur ;
Mais ici-bas c'est en vain qu'on l'espère,
Et Dieu peut seul remplir tout notre cœur.

38.

En ce jour,
O bonne Marie !
Te consacrant tout mon amour,
Je te conjure, ô ma Mère chérie !
Pour moi d'obtenir en retour
La sainte patrie
Pour séjour !

Quel ardeur
Embrase mon âme,
Quand je contemple dans ton cœur
Du pur amour la dévorante flamme !
Oh ! si javais cette ferveur
Qu'en toi je proclame,
Quel bonheur !

Ton autel,
Où l'on vient apprendre
A plaire en tout à l'Eternel,
Est la colline où Dieu se fait entendre,
Et d'où l'œil d'un pauvre mortel
Ose enfin s'étendre
Jusqu'au ciel !

A ma voix
Tu daignes sourire,
Et n'est-ce pas toi que je vois
Encourageant des yeux mon saint délire,
Et m'aidant à faire parfois
Résonner ma lyre
Sous mes doigts ?

Aide-moi
De ta main puissante,
Afin qu'avec un moindre effroi,
Dans les sentiers à la pente glissante,
Toujours je conserve la foi !
Telle est mon attente
Près de toi !

Désormais
Ma langue glacée
S'attacherait à mon palais,
— Dernière grâce en mon cœur désirée ! —
Plutôt que d'oublier jamais,
Vierge vénérée,
Tes bienfaits.

39.

Enfin, d'une froide nature
Nous n'éprouvons plus la rigueur,
On voit renaître la verdure,
On sent renaître le bonheur.
Du zéphir la brise légère
Succède au souffle des autans ;
Enfants, venez à votre Mère
Consacrer ce nouveau printemps.

REFRAIN :

Reçois, Mère chérie,
Les tendres vœux de tes enfants :
A te bénir ils consacrent leur vie,
A te louer ils consacrent leurs chants.

A ses pieds voyez-vous éclore
La rose et le lis radieux ?...
Autour d'elle la main de Flore
Prodigue ses dons gracieux.
Aussi, près de son sanctuaire,
Quel doux, quel agréable encens !...
Enfants, saluez votre Mère !
Elle est la reine du printemps

De vos jeux, aimable jeunesse,
Offrez-lui les joyeux ébats :
D'un tel hommage sa tendresse
Ici ne s'offensera pas.
Oui, vous pouvez, sans lui déplaire,
Goûter des plaisirs innocents
Et, sous les yeux de votre Mère,
Jouir des charmes du printemps.

Ces jours, les plus beaux de la vie,
Pour vous bientôt ils vont finir !...
Mais en vos cœurs que de Marie
L'amour grave un doux souvenir.
Alors, en revoyant la terre
Se couvrir de gazons naissants,
Souvenez-vous que votre Mère
Vous bénissait chaque printemps.

Et quand l'heure sera venue
De quitter l'exil pour toujours,
De vos cœurs une voix connue
Vous tiendra ce touchant discours :
O vous, dont j'aimai la prière !
Qui toujours fûtes mes enfants !
Venez auprès de votre Mère
Jouir de l'éternel printemps.

40.

REFRAIN.

Esprit d'amour, esprit de flammes,
Venez du haut des cieux,
Venez, et consumez nos âmes,
Embrasez-les de tous vos feux !

Esprit consolateur, exaucez nos prières,
Entendez nos soupirs, voyez couler nos pleurs,
Et qu'un rayon sacré de vos douces lumières
Renouvelle la terre et change tous les cœurs.

Venez d'abord, venez, Esprit de la *Sagesse*,
Et répandez sur nous vos divines clartés,
Jésus l'a dit, soyez fidèle à sa promesse,
Venez nous enseigner toutes les vérités.

Venez aussi sur nous, Esprit d'*Intelligence*,
Et détournez nos yeux du vice et de l'erreur;
Sans vous, tous les mortels plongés dans l'igno-
                                    [rance
Poursuivent vainement l'image du bonheur.

Sans le don de *Conseil*, tous, hélas! de la vie
Nous ignorons la route, et le nom de la paix.
Descendez, Esprit saint, et notre âme ravie,
Malgré le noir enfer, ne s'égare jamais.

Venez, Esprit de *Force* et notre seule gloire!
Avec vous le chrétien affronte le trépas.
Tous ses jours de combat sont des jours de vic-
                                    [toire :
Un chrétien peut mourir, mais il ne se rend pas !

Eternelle *Science*, ineffable lumière,
Qui ravis à ma foi sa sainte obscurité,
Eclaire mon esprit et révèle à la terre
Ce que Dieu nous prépare en son éternité.

Esprit de *Piété*, de tes pures délices,
De tes plus doux transports enivre tes enfants!
Eloigne de leur cœur le souffle impur des vices;
Toujours dans la vertu guide leurs pas trem-
                                    [blants.

Inspire-nous aussi l'heureux esprit de *Crainte !*
La crainte des enfants, par sentiment d'amour;
Que je tremble ici-bas sous ta majesté sainte,
Pour t'aimer à jamais au céleste séjour.

41.

Esprit saint, descends,
Fais éclater ta lumière;
Instruis tes enfants,
Rends leurs esprits intelligents.

Viens, produis tes effets puissants !
Guide salutaire,
Réparateur du genre humain,
Force du chrétien,
Viens, viens, viens !

Viens, Esprit d'amour,
Embrase-nous de tes flammes.
Fais que, dès ce jour,
Nous soyons à toi sans retour.
Nous gémissons en ce séjour,
Console nos âmes.
Viens, ô Dieu, notre unique bien,
Sois notre soutien !
Viens, viens, viens.

Source de bonheur,
Attire-nous dès l'enfance.
Qu'un monde trompeur
Ne séduise point notre cœur.
Vers toi dirige notre ardeur,
O notre espérance !
Objet des désirs du chrétien !
O notre vrai bien !
Viens, viens, viens.

42.

Esprit saint, descendez en nous ;
Embrasez notre cœur de vos feux les plus doux.

Sans vous notre vaine prudence
Ne peut, hélas ! que s'égarer.
Ah ! dissipez notre ignorance ;
Esprit d'intelligence,
Venez nous éclairer.

Le noir enfer, pour nous livrer la guerre,
Se réunit au monde séducteur ;
Tout est pour nous embûche sur la terre :
Soyez notre libérateur.

Enseignez-nous la divine sagesse ;
Seule, elle peut nous conduire au bonheur.
Dans ses sentiers qu'heureuse est la jeunesse !
Qu'heureuse est la vieillesse !

43.

REFRAIN.

Esprit saint, Dieu de lumière,
O vous que nous invoquons !
Venez des cieux sur la terre,
Comblez-nous de tous vos dons.

Don de sagesse.

Accordez-nous cette sagesse
Qui ne cherche que le Seigneur.
Que notre étude soit sans cesse
De lui soumettre notre cœur.
Esprit saint, etc.

Don d'intelligence.

Donnez-nous cette intelligence,
Ce don qui fait connaître au cœur
De la foi toute l'excellence
Et du crime toute l'horreur.
Esprit saint, etc.

Don de conseil.

De vos conseils que la lumière
Dissipe nos illusions ;
Qu'elle nous guide et nous éclaire
Au milieu des tentations.
Esprit saint, etc.

Don de force.

Venez nous inspirer la force
D'aimer Dieu, d'observer sa loi,
Et qu'en vain le monde s'efforce
D'éteindre dans nos cœurs la foi.
Esprit saint, etc.

Don de science.

Enseignez-nous cette science,
L'art divin qui fait les vertus,
Répandez sur nous l'abondance
Du don qui forme les élus.
        Esprit saint, etc.

Don de piété.

Qu'une piété vive et pure
Nous anime et brûle toujours;
Qu'à son feu notre âme s'épure
Et pour vous s'embrase d'amour.
        Esprit saint, etc.

Don de crainte.

Inspirez-nous de Dieu la crainte
De ses terribles jugements;
Que sa justice, sa loi sainte
Pénètrent nos cœurs et nos sens.
        Esprit saint, etc.

44.

        Hélas!
    Quelle douleur
    Remplit mon cœur,
Fait couler mes larmes!
        Hélas!
    Quelle douleur
    Remplit mon cœur
De crainte et d'horreur!

    Autrefois,
Seigneur, sans alarmes,
        De tes lois
Je goûtai les charmes,
        Hélas!
    Vœux superflus,
    Beaux jours perdus,
Vous ne serez plus!...

La mort
Déjà me suit;
O triste nuit!
Déjà je succombe.
La mort
Déjà me suit,
Le monde fuit,
Tout s'évanouit.
Je la vois
Entr'ouvrant ma tombe,
Et sa voix
M'appelle, et j'y tombe.
O mort!
Cruelle mort!
Si jeune encor!
Quel funeste sort!

Frémis,
Ingrat pécheur,
Un Dieu vengeur,
D'un regard sévère,
Frémis,
Ingrat pêcheur,
Un Dieu vengeur
Va sonder ton cœur.
Malheureux!
Entends son tonnerre;
Si tu peux,
Soutiens sa colère.
Frémis!
Seul aujourd'hui,
Sans nul appui,
Parais devant lui.

Grand Dieu!
Quel jour affreux
Luit à mes yeux!
Quel horrible abîme!
Grand Dieu!
Quel jour affreux

Luit à mes yeux !
Quels lugubres feux !
Oui, l'enfer,
Vengeur de mon crime,
Est ouvert,
Attend sa victime.
Grand Dieu !
Quel avenir !
Pleurer, gémir,
Toujours te haïr !

Beau ciel,
Je t'ai perdu,
Je t'ai vendu
Par de vains caprices.
Beau ciel !
Je t'ai perdu,
Je t'ai vendu,
Regret superflu !
Loin de toi
Toutes les délices
Sont pour moi
De nouveaux supplices.
Beau ciel !
Toi que j'aimais,
Qui me charmais,
Ne te voir jamais !...

O vous,
Enfants pieux,
Toujours joyeux
Et pleins d'espérance !
O vous,
Enfants pieux,
Toujours joyeux !
Moi seul malheureux !
J'ai voulu
Sortir de l'enfance ;
J'ai perdu
L'aimable innocence.

O vous,
Du ciel, un jour,
Heureuse cour,
Adieu sans retour.

Non, non,
C'est une erreur,
Dans mon malheur,
Hélas ! je m'oublie.
Non, non,
C'est une erreur,
Dans mon malheur,
Je trouve un Sauveur.
Il m'entend,
Me réconcilie,
Dans son sang
Je reprends la vie. |
Non, non,
Je l'aime encor,
Et le remord
A changé mon sort.

Jésus,
Manne des cieux,
Pain des heureux,
Mon cœur te réclame !
Jésus,
Manne des cieux,
Pain des heureux,
Viens combler mes vœux !
Désormais
Ta divine flamme
Pour jamais
Embrase mon âme,
Jésus,
O mon Sauveur !
Fais de mon cœur
L'éternel bonheur.

45.

Heureux enfants d'une Mère chérie,
De votre amour cédez aux doux transports :
Louez, chantez le saint nom de Marie,
Qu'il soit l'objet de vos pieux accords.
Pour célébrer cette Reine immortelle,
Qui vous combla de ses riches faveurs,
   Offrez-lui, pour prix de vos cœurs,
   Les fleurs de la saison nouvelle.

Reine du monde, ô Marie, ô ma Mère !
Du haut des cieux souris à tes enfants.
Tous, à l'envi, consacrent à te plaire
De ce saint mois les plus riches présents.
Vois à tes pieds cette troupe fidèle :
Elle bénit, elle implore ton nom ;
   Elle vient couronner ton front
   Des fleurs de la saison nouvelle.

Auprès de toi le ciel est sans parure,
Et le soleil a perdu sa splendeur ;
Le jeune lis, l'amour de la nature,
Auprès de toi vient flétrir sa blancheur.
Dès son lever, Marie est toute belle,
Et l'éclat pur de sa virginité
   Efface la vive beauté
   Des fleurs de la saison nouvelle.

Mère de Dieu, ton image chérie,
Jusqu'au tombeau régnera dans mon cœur !
L'astre du jour, avant que je t'oublie,
Refusera sa féconde chaleur.
A tes bienfaits si je suis infidèle,
L'oiseau fuira l'ombrage des forêts,
   Et l'abeille les doux attraits
   Des fleurs de la saison nouvelle.

Dans cet exil sauve notre innocence,
Fais-nous marcher de vertus en vertus ;
Conserve en paix notre timide enfance,
Et montre-nous ton divin Fils Jésus.

Toujours croissants à l'ombre de ton aile ,
Que ton nom seul nous soit plus savoureux
    Que le parfum délicieux
    Des fleurs de la saison nouvelle.

46.

    Heureux qui , dès son enfance ,
    Soumis aux lois du Seigneur,
    N'a pas , avec l'innocence ,
    Perdu la paix de son cœur !
Chéri de celui qu'il adore,
Son bonheur le suit en tout lieu ;
Que peut–il désirer encore,
Quand il se voit l'ami d'un Dieu ?

En vain la fortune couronne
Du pécheur les moindres désirs ;
Le remords cruel empoisonne
Les plus vantés de ses plaisirs.

Qui se laisse prendre à tes charmes ,
Trop séduisante volupté ,
Paiera bientôt de ses larmes
Le plaisir qu'il aura goûté.

Le moment d'une folle ivresse
Fait place à celui des regrets ;
Ce bonheur qu'il poursuit sans cesse ,
Le mondain ne l'aura jamais.

Seigneur, de ma tranquille vie ,
Rien ne saurait troubler le cours ;
La paix ne peut être ravie
A qui veut vous aimer toujours.

Le monde étale sa richesse ,
Et ses biens ne m'ont point tenté.
J'ai le trésor de la sagesse
Dans le sein de la pauvreté.

La croix où mon Jésus expire
Change mes peines en douceurs ;
Si quelquefois mon cœur soupire,
C'est que je songe à ses douleurs.

L'espoir d'une gloire immortelle
Et d'un bonheur toujours nouveau
Sème de fleurs, pour le fidèle,
Les bords si tristes du tombeau.

Mon Dieu, j'y descendrai sans crainte,
Espérant, des bras de la mort,
Voler vers ta demeure sainte,
En chantant dans un doux transport :

Heureux qui, dès son enfance,
Soumis aux lois du Seigneur,
N'a pas, avec l'innocence,
Perdu la paix de son cœur.

47.

J'entends le monde qui m'appelle,
Mais il m'offre en vain sa faveur.
O Marie ! ô Reine immortelle,
Je viens me jeter dans ton cœur ;
Sous tes drapeaux, toujours fidèle,
Je trouverai le vrai bonheur.

REFRAIN.

Reine des cieux, Mère auguste et chérie,
Oui, pour toujours, nous sommes tes enfants :
Nous le jurons à tes pieds, ô Marie !
Plutôt mourir que trahir nos serments !

Laissons au méchant son ivresse,
Ah ! n'envions pas son bonheur.
Sa folle et bruyante allégresse
N'est toujours qu'un masque trompeur :
Quand le remords suit la tristesse,
Alors il déchire le cœur.

De fleurs il couronne sa tête,
Et sous ses pas naît le plaisir ;
Sa vie est un long jour de fête,
Mais qu'il se hâte d'en jouir.
La pâle mort déjà s'apprête,
Et je vois l'enfer s'entr'ouvrir.

48.

Je mets ma confiance,
Vierge, en votre secours ;
Servez-moi de défense,
Prenez soin de mes jours ;
Et quand ma dernière heure
Viendra fixer mon sort,
Obtenez que je meure
De la plus sainte mort.

A votre bienveillance,
O Vierge ! j'ai recours :
Soyez mon assistance
En tous lieux et toujours ;
Vous-même êtes ma Mère,
Jésus est votre Fils ;
Portez-lui la prière
De vos enfants chéris.

Sainte Vierge Marie,
Asile des pécheurs,
Prenez part, je vous prie,
A mes justes frayeurs.
Vous êtes mon refuge :
Votre Fils est mon roi,
Mais il sera mon juge ;
Intercédez pour moi.

Ah ! soyez-moi propice,
Quand il faudra mourir ;
Apaisez sa justice,
Je crains de la subir.

Mère pleine de zèle,
Protégez votre enfant;
Je vous serai fidèle
Jusqu'au dernier instant.

Je promets pour vous plaire,
O reine de mon cœur !
De ne jamais rien faire
Qui blesse votre honneur.
Je veux que, par hommage,
Ceux qui me sont sujets,
En tous lieux, à tout âge,
Prennent vos intérêts.

Voyez couler mes larmes,
Mère du bel amour ;
Finissez mes alarmes
Dans ce triste séjour.
Venez rompre ma chaîne :
Je veux aller à vous.
Aimable souveraine,
Régnez, régnez sur nous.

49.

Je viens, mon Dieu, ratifier moi-même
Ce que pour moi l'on promit autrefois,
Les vœux sacrés pour moi faits au baptême,
Je veux les faire aujourd'hui de mon choix.

REFRAIN.

Je te renonce, ô prince tyrannique,
Roi des enfers, cruel usurpateur !
Je te déteste, et mon désir unique
Est d'obéir à la loi du Seigneur.

Je te renonce, ô péché détestable,
Poison mortel, malgré tous tes attraits ;
Oui, pour te rendre à mon cœur haïssable,
Il me suffit qu'à mon Dieu tu déplais.

Plutôt mourir, monde impur, que de vivre
Selon tes lois et tes perverses mœurs ;
Ce que toujours mon âme prétend suivre,
C'est l'Évangile et ses saintes rigueurs.

De tout mon cœur, mon Dieu, je renouvelle
Ces vœux sacrés : je les fais pour toujours ;
Et je prétends être toujours fidèle
A les garder, avec votre secours.

Vous m'avez mis au rang inestimable
De vos enfants, ô Père tout-puissant !
Je veux pour vous, ô Père tout aimable !
Avoir la crainte et l'amour d'un enfant.

Divin Jésus, je promets de vous suivre,
D'être à vous seul je me fais une loi.
Non, ce n'est plus pour moi que je veux vivre ;
Comme mon chef, vous seul vivez en moi.

Esprit divin, remplissez-moi sans cesse,
Animez-moi, Dieu sanctificateur,
Et qu'à jamais fidèle à ma promesse,
Je vous conserve au milieu de mon cœur.

50.

Jour mille fois heureux, offrande salutaire !
C'en est donc fait : Marie a reçu nos serments !
De la Mère d'un Dieu nous sommes les enfants.
Honneur, respect, amour, à notre auguste Mère !

REFRAIN.

Oui, nous l'avons juré, nous sommes ses enfants ;
Nous faisons de nos cœurs le don le plus sincère.
Que la terre et les cieux redisent nos serments.
Guerre au monde, à Satan ! Amour à notre Mère !

Si, parjure à mes vœux, je te quitte, ô Marie !
Que ma langue, à l'instant, s'attache à mon palais.
Que ma droite séchée atteste pour jamais,
Aux yeux du monde entier, ma lâche perfidie.

Si, pour nous enchaîner, des faux biens de la vie
Le monde offre à nos yeux les attraits imposteurs,
Disons-lui, repoussant ses funestes douceurs :
Mon cœur n'est plus à moi, mon cœur est à Marie.

Que l'enfer de sa rage excite la tempête,
Soulève contre moi les flots de son courroux ;
Vaine fureur!... Marie a triomphé pour nous.
Pour nous, du vieux serpent elle a brisé la tête.

Ainsi, toujours vainqueurs dans une paix pro-
[fonde,
Nous goûterons des saints les plaisirs ravissants,
Foulant avec dédain, sous nos pieds triomphants,
Les pompes de Satan, les vains plaisirs du monde.

Pour prix de nos efforts, un nuage de gloire
Au ciel nous portera quand s'éteindront nos jours.
Là, de nos longs travaux délassés pour toujours,
Nous nous reposerons au sein de la victoire.

Etoile de la mer, exposés aux naufrages,
Sans guide, loin de toi, quel serait notre sort!
Brille toujours pour nous, fais-nous surgir au port;
Pour nous, calme les flots, dissipe les orages.

51.

L'encens divin embaume cet asile ;
Quel doux concert ! quels chants mélodieux !
Mon cœur se tait et mon âme est tranquille :
La paix du ciel habite dans ces lieux.

REFRAIN.

O Pain de vie!
O mon sauveur!
L'âme ravie
Trouve en vous son bonheur.

D'un sommeil pur versé sur ma paupière,
Le calme heureux s'empare de mes sens;
D'un jour plus beau j'entrevois la lumière;
Non, je ne puis dire ce que je sens.

Pour embellir le temple de mon âme,
Le Très-Haut daigne y fixer son séjour :
Je le possède, il m'inspire, il m'enflamme;
Je l'ai trouvé, je l'aime sans retour.

Que votre joug, ô Jésus! est aimable!
Que vos attraits sont saints et ravissants!
Vous m'enivrez d'une joie ineffable,
Vous m'attirez par vos charmes puissants.

Je vous adore au dedans de moi-même;
Je vous contemple à l'ombre de la foi;
O Dieu mon tout! ô majesté suprême!
Je ne vis plus, mais Jésus vit en moi.

O saints transports! vive et douce allégresse!
Chastes ardeurs, divins embrassements!
O plaisirs purs! délicieuse ivresse!
Mon cœur se perd dans vos ravissements.

Que vous rendrai-je, ô Sauveur plein de charmes!
Pour tous les dons que j'ai reçus de vous?
Prenez ce cœur et recueillez mes larmes,
Double tribut dont vous êtes jaloux.

Vous qui prenez vos plus chères délices
Parmi les lis des cœurs purs et fervents,
Mon bien-aimé, je mets sous vos auspices
Mes saints projets et mes vœux innocents.

Je l'ai juré, je vous serai fidèle;
Je vous promets un immortel amour
Tant qu'à la nuit une aurore nouvelle
Succédera pour ramener le jour.

Ah! que ma langue immobile et glacée
En ce moment s'attache à mon palais,
Si de mon cœur s'efface la pensée
De votre amour comme de vos bienfaits.

O Pain de vie!
O mon Sauveur!
L'âme ravie
Trouve en vous son bonheur.

52.

Le Seigneur a régné : monument de sa gloire,
La Croix triomphe en ce grand jour.
Peuples, applaudissez, que les chants de victoire
Se mêlent aux concerts d'amour.
Le Dieu de majesté s'avance,
Il vient habiter parmi nous ;
Pécheurs, fuyez de sa présence ;
Justes, tombez à ses genoux.

REFRAIN.

Lève-toi, signe salutaire,
Bois auguste, bois protecteur ;
Lève-toi, brille sur la terre,
Astre de paix et de bonheur.

Aplanissez la voie à celui que les anges
Transportent des hauteurs des cieux.
Le Seigneur est son nom : rendez mille louanges
A ce nom saint et glorieux.
Pour le méchant juge sévère,
Mais pour le juste Dieu sauveur,
En lui l'orphelin trouve un père,
Et la veuve un consolateur.

Telle du Roi-Pasteur la lyre pénétrée
Du feu de l'inspiration,
Célébrait le transport de l'arche révérée
Sur la montagne de Sion ;
Le ciel répandit sa rosée
Aux lieux choisis pour son séjour,
Et la terre fertilisée
Tressaillit de crainte et d'amour.

L'élite des tribus, les époux et les mères,
L'enfant à côté du vieillard,
Les prêtres, les guerriers, heureux peuple de
Du Dieu vivant suivaient le char.   [frères,

Pleines de joie à son passage,
Les vierges, conduites en chœurs,
Lui présentaient le double hommage
Et de leurs voix et de leurs cœurs.

Plus heureux qu'Israël, de sa reconnaissance
Imitons les transports joyeux ;
Israël ne vivait que de son espérance,
De ses soupirs et de ses vœux.
Sortis de cette nuit profonde,
A nos yeux il est élevé,
Le Dieu puissant qui fit le monde,
Par qui le monde fut sauvé !

Dieu se lève! Par lui, sur la sainte montagne,
La terre et les cieux vont s'unir;
Avec ce doux regard que la grâce accompagne
Il tend les bras pour nous bénir.
Si jamais nous étions parjures,
Revenons pleurer à ses pieds,
Et retremper dans ses blessures
Nos cœurs contrits, humiliés.

53.

Les anges dans nos campagnes
Ont entonné l'hymne des cieux,
Et l'écho de nos montagnes
Redit ce chant mélodieux :
Gloria in excelsis Deo.

Bergers, pour qui cette fête?
Quel est l'objet de tous ces chants?
Quel vainqueur, quelle conquête
Méritent ces cris triomphants?
Gloria in excelsis Deo.

Ils annoncent la naissance
Du libérateur d'Israël,
Et, pleins de reconnaissance,
Chantent en ce jour solennel :
Gloria in excelsis Deo.

Allons tous, de compagnie,
Sous l'humble toit qu'il s'est choisi,
Voir l'adorable Messie,
A qui nous chanterons aussi :
Gloria in excelsis Deo.

Cherchons tous l'heureux village
Qui l'a vu naître sous ses toits ;
Offrons-lui le tendre hommage
Et de nos cœurs et de nos voix :
Gloria in excelsis Deo.

Dans l'humilité profonde
Où vous paraissez à nos yeux,
Pour vous louer, ô Dieu du monde !
Nous redirons ce chant joyeux :
Gloria in excelsis Deo.

Toujours remplis du mystère
Qu'opère aujourd'hui votre amour,
Notre devoir sur la terre
Sera de chanter chaque jour :
Gloria in excelsis Deo.

Déjà les bienheureux anges,
Les chérubins, les séraphins,
Occupés de vos louanges,
Ont appris à dire aux humains :
Gloria in excelsis Deo.

Bergers, loin de vos retraites,
Unissez-vous à leurs concerts,
Et que vos tendres musettes
Fassent retentir les airs :
Gloria in excelsis Deo.

Dociles à leur exemple,
Seigneur, nous viendrons désormais,
Au milieu de votre temple,
Chanter avec eux vos bienfaits :
Gloria in excelsis Deo.

54.

Mon Dieu, mon cœur touché
D'avoir péché
Demande grâce,
Joins à tous tes bienfaits
L'oubli de mes excès.
J'avais du monde, hélas! voulu suivre la trace.

REFRAIN.

Pardon, mon Dieu, pardon!
N'es-tu pas un Dieu bon?

Ah! dans cette saison,
Où ma raison
Devait te suivre,
J'errais les jours entiers
Dans de honteux sentiers :
Comment à mes malheurs m'as-tu laissé survivre?

Tu me disais souvent :
Viens, mon enfant,
Ma voix t'appelle ;
J'allais à mes plaisirs,
Au gré de mes désirs,
Et tu pus si longtemps souffrir un fils rebelle !

Je pouvais bien périr,
Sans recourir
A ta clémence ;
J'aurais traîné mes fers
Dans le fond des enfers :
Comment porter alors le poids de ta vengeance?

Étant si sensuel,
D'un feu cruel
Souffrir la peine !
Formé pour le bonheur,
Languir dans la douleur!
Et d'un maître irrité porter toute la haine !

Mon Dieu ! toujours gémir,
Jamais jouir
De ta présence !
N'avoir aucun espoir
D'aller un jour te voir !
Toujours porter l'ennui d'une éternelle absence !

Condamné par ta loi,
Privé de toi
Par ma malice ;
Coupable infortuné,
Pourquoi serais-je né ?
Fais taire à mon égard les droits de ta justice.

Plus juste désormais,
Et pour jamais
Toujours fidèle,
Je vivrai dans les pleurs,
Dans les saintes rigueurs ;
Heureux si je parviens à la gloire immortelle !

55.

Mon doux Jésus ! enfin voici le temps
De pardonner à nos cœurs pénitents ;
Nous n'offenserons jamais plus
Votre bonté suprême.
O Doux Jésus !

Puisqu'un pécheur vous a coûté si cher,
Faites-lui grâce ; il ne veut plus pécher.
Ah ! ne perdez pas cette fois
La conquête admirable
De votre croix.

Enfin, mon Dieu ! nous sommes à genoux
Pour vous prier de pardonner à tous.
Pardonnez-nous, ô Dieu clément !
Lavez-nous de nos crimes
Dans votre sang.

Ne tardons plus ; dès ce moment,
Sortons de la fange du vice ;
Pourquoi reculer d'un instant
Le plus utile sacrifice ?
    Autrefois empressé,
Je courais au devant du crime ;
Qu'aujourd'hui mon cœur embrasé
Offre à Jésus une victime.

Oh ! qu'un coupable est malheureux !
Je ne veux plus être infidèle ;
C'est sans retard qu'au Roi des cieux
Je cède un cœur longtemps rebelle,
    Mais puisque sa douceur
Veut encor, malgré mon offense,
Recevoir un ingrat pécheur,
J'embrasse ici la pénitence.

Dans ce saint temps où le chrétien,
Même en vivant dans l'innocence,
Afflige son corps et n'a rien
Qu'il ne dévoue à la souffrance,
    Ne dois-je pas, mondains,
Moi, corrompu par tous vos vices,
Gémir, pleurer avec les saints, —
    C'est peu ! souffrir mille supplices ?

Sens dépravés, cœur perverti,
Esprit, trône de l'arrogance,
Cœur trop longtemps flatté, nourri,
Esclave de l'intempérance,
    Subissez en ce jour
Des lois autrefois méprisées
Et, pour montrer un vrai retour,
Quittez des fêtes insensées.

Je sais que le monde sur moi
Va lancer ses traits inutiles ;
Déjà, pour ébranler ma foi,
Il me dit qu'à des jours tranquilles

Vont succéder dans peu
L'ennui, les pleurs et la tristesse ;
Mais c'est en vain ; près de mon Dieu,
Les pleurs, pour moi, sont l'allégresse.

57.

Nous qu'en ces lieux combla de ses bienfaits
　Une mère auguste et chérie,
Enfants de Dieu, que nos chants à jamais
　Exaltent le nom de Marie.

Ici sa voix, puissante sur nos cœurs,
　A la vertu nous encourage,
Sur le saint joug elle répand des fleurs,
　Notre innocence est son ouvrage.
Si le lion rugit autour de nous,
　Elle étend son bras tutélaire,
L'enfer frémit d'un impuissant courroux,
　Et le ciel sourit à la terre.

Quand le chagrin de ses traits acérés
　Blesse nos cœurs et les déchire,
Sensible mère, elle est à nos côtés,
　Avec nos cœurs le sien soupire.
Combien de fois sa prévoyante main
　De l'ennemi rompit la trame !
Nous la priions, et nous sentions soudain
　La paix renaître dans notre âme.

Battu des flots, vain jouet du trépas,
　La foudre grondant sur sa tête,
Le nautonnier se jette dans ses bras,
　L'invoque, et voit fuir la tempête :
Tel le chrétien, sur ce monde orageux,
　Vogue toujours près du naufrage ;
Mais à Marie adresse-t-il ses vœux,
　Il aborde en paix au rivage.

Heureux celui qui, dès ses premiers ans,
    Se fit un bonheur de lui plaire !
Heureux ceux qu'elle adopta pour enfants !
    La Reine des cieux est leur mère.
Oui, sa bonté se plaît à secourir
    Un cœur confiant qui la prie
Siècles, parlez !... Vit-on jamais périr
    Un vrai serviteur de Marie.

Vos fronts, pécheurs, pâlissent abattus
    A l'aspect du Souverain Juge ;
Ah ! si Marie est Reine des vertus,
    Des pécheurs elle est le refuge.
Déposez donc en son sein maternel
    Votre repentir et vos larmes.
Elle priera... Des mains de l'Eternel
    Bientôt s'échapperont les armes.

Si vous avez, dans toute sa fraîcheur,
    Conservé la tendre innocence,
Ah ! votre mère en a sauvé la fleur ;
    Elle vous garda dès l'enfance.
A son autel, venez, enfants chéris,
    Savourer de saintes délices ;
Consacrez-lui vos cœurs et vos esprits :
    Elle en mérite les prémices.

Temple divin, culte trois fois béni !
    Faut-il donc quitter ton enceinte !
Faut-il aller de ce monde ennemi
    Braver la meurtrière atteinte !
Tendre Marie, ah ! nous allons périr ;
    Le scandale inonde la terre,
Veillez sur nous, daignez nous secourir ;
    Montrez-vous toujours notre Mère.

58.

    O divine enfance
    De mon doux Sauveur !
    Aimable innocence,
    Tu ravis mon cœur.

Que dans sa faiblesse
Il paraît puissant !
Ah ! plus il s'abaisse,
Et plus il est grand.

Descendez, saints anges,
Venez en ces lieux ;
Voyez, dans ses langes,
Le Maître des cieux.
Quelles ont de charmes
Aux yeux de ma foi,
Ces premières larmes
Qu'il verse pour moi!

Eloquent silence,
Comme tu m'instruis !
Sainte obéissance,
Je t'aime et te suis.
Rebelle nature,
En vain tu gémis ;
A sa créature
Vois ton Dieu soumis.

Je deviens docile
Près de mon Jésus,
Et son Evangile
Ne m'étonne plus.
Approche et contemple,
Superbe raison,
Et par son exemple
Goûte sa leçon.

Leçon adorable
Qui confond mes sens :
Si tu n'es semblable
Aux petits enfants,
Ton orgueil funeste
T'éloigne de moi ;
Le bonheur céleste
N'est pas fait pour toi.

Près de moi qu'ils viennent,
Les enfants heureux ;
Les cieux appartiennent
A ceux qui, comme eux,
Sans fard, sans malice,
Sans fiel, sans aigreur,
Exempts de tout vice,
Plaisent au Seigneur.

Celui qui terrasse
Orgueil et grandeur,
A promis sa grâce
Aux humbles de cœur ;
Les secrets qu'il cèle
Aux brillants esprits,
Jésus les révèle
Toujours aux petits.

Sagesse mondaine,
Connais ton erreur ;
Mets ta fierté vaine
Aux pieds du Sauveur.
Quand il veut lui-même
Devenir enfant,
Quel orgueil extrême
De s'estimer grand !

Charmes de l'enfance,
Ingénuité,
Candeur innocence
Et simplicité,
O vertus si chères
Au divin Sauveur !
Vertus salutaires,
Régnez dans mon cœur.

59.

REFRAIN.

O mon Jésus ! ô pain de vie !
O suprême amour de mon cœur !

Je vous adore et vous supplie,
Venez, soyez tout mon bonheur !

Le vóici, cet autel qu'entourent mille archanges ;
Tout s'émeut en mon cœur dès que je l'aperçois,
Car c'est là que mon Dieu, l'objet de mes louanges,
Me donnera son corps pour la première fois ! *
    O mon Jésus ! etc.

Quand viendra-t-il ce jour après lequel j'aspire ?
Jour qui pour moi doit être un avant-goût des
                      [cieux !
Ah ! depuis trop longtemps après lui je soupire...
Qu'il vienne donc enfin et comble tous mes vœux !
    O mon Jésus ! etc.

Mais quoi ! quel souvenir vient assombrir mon
                      [âme !
Hélas ! de mes péchés le nombre est par trop
                      [grand !...
Cependant, de mon Dieu la charité m'enflamme ;
Il me purifiera de son feu dévorant !...
    O mon Jésus ! etc.

Jamais de ce bon maître, il nous l'a dit lui-même,
Un cœur humble et contrit ne sera méprisé ;
Je puis donc espérer, car il sait que je l'aime :
Il viendra dans ce cœur de repentir brisé !
    O mon Jésus ! etc.

Comprenant, doux Sauveur, mes profondes mi-
                    [sères,
Je veux chercher en vous un remède divin ;
Et, vous sachant pour moi le plus tendre des
                    [pères,
Je brûle de trouver la paix en votre sein !
    O mon Jésus ! etc.

---

* Le jour même de la première communion, on change les premiers mots de ce vers en ceux-ci : *Va me donner son corps,* etc., et l'on supprime la deuxième strophe. S'il s'agit d'une communion autre que la première communion, on dit : *Va me donner son corps une nouvelle fois,* et l'on supprime de même la deuxième strophe.

Ah ! durant ces longs jours qu'il faut encore at-
[tendre, *
Mon Dieu, préparez-moi pour le bienheureux
[jour ;
Inspirez à mon âme, avant que d'y descendre,
Douleur, humilité, foi, confiance, amour !
O mon Jésus ! etc.

60.

O prodige d'amour ! spectacle ravissant !
Sous un pain qui n'est plus, Dieu cache sa pré-
[sence ;
Ici, pour le pécheur, il est encore mourant ;
Les anges étonnés l'adorent en silence.

REFRAIN.

Prosternez-vous, offrez des vœux :
Oui, mortels, c'est le roi des cieux.

Non content d'expirer sur un infâme bois,
L'immortel Souverain de toute la nature,
Aux yeux de ses enfants, une seconde fois,
S'immole, et tous les jours devient leur nourriture.

La croix ne nous cachait que la divinité ;
L'Homme-Dieu tout entier s'éclipse en ce mys-
Mais, je l'y reconnais dans la réalité ;   [tère ;
C'est mon aimable Roi, c'est mon Dieu, c'est
[mon Père.

Sacrifice d'amour, ô temple ! ô saint autel !
D'où la foi fait jaillir la grâce du Calvaire,

---

* Le jour même de la communion, on peut changer la
dernière strophe en celle-ci :
Mais l'instant est venu ! je ne dois plus attendre !
Hâtez-vous, ô mon Dieu ! dans ce bienheureux jour,
D'inspirer à mon âme, avant que d'y descendre,
Douleur, humilité, foi, confiance, amour !
O mon Jésus ! etc.

Puisse couler sur nous, en ce jour solennel,
De son sang précieux la vertu salutaire.

O sacré monument de la mort du Sauveur !
Pain vivant, qui donnez la vie au vrai fidèle,
De mon âme soyez l'aliment, la douceur,
Qu'elle brûle pour vous d'une ardeur éternelle !

Jésus, qu'un voile obscur ici cache à mes yeux,
Satisfaites bientôt la soif qui me dévore ;
Que je vous voie enfin dans ce royaume heureux,
Où l'âme, à découvert, vous aime et vous adore!
O quand verrai-je ce beau jour
Qui couronnera mon amour !

61.

O Roi des cieux !
Vous nous rendez tous heureux ;
Vous comblez tous nos vœux,
En résidant pour nous dans ces lieux.

Prodige d'amour !
Dans ce séjour
Vous vous immolez pour nous chaque jour ;
A l'homme mortel
Vous offrez un aliment éternel.

Seigneur, vos enfants
Reconnaissants
Vous offrent les plus tendres sentiments ;
Leurs cœurs, sans retour,
Veulent brûler du feu de votre amour,

Chantons tous en chœur :
Gloire et honneur
A Jésus, notre aimable Rédempteur !

Chantons à jamais
De son amour les éternels bienfaits.

62.

O saint autel ! qu'environnent les Anges,
Qu'avec transport, aujourd'hui, je te vois !
Ici, mon Dieu, l'objet de mes louanges,
M'offre son corps pour la première fois.

O mon Sauveur, mon trésor et ma vie !
Epoux divin dont mon cœur a fait choix !
Venez bientôt couronner mon envie,
Venez à moi pour la première fois.

O doux plaisir ! ô divine allégresse,
Déjà mon cœur s'unit au Roi des rois :
Il est à moi, le Dieu de ma jeunesse,
Je suis à lui pour la première fois

O Chérubins qui l'adorez sans cesse,
Ainsi que vous je l'adore et je crois,
Mais devant lui soutenez ma faiblesse,
Et me guidez pour la première fois.

O jour heureux, jour à mes vœux propice !
A vous bénir je consacre ma voix;
Le Dieu vivant s'immole en sacrifice,
Et me nourrit pour la première fois.

Embrasez-moi, Dieu d'amour et de gloire ?
D'un zèle ardent pour vos aimables lois,
Et pour toujours gravez dans ma mémoire
Ce que je fais pour la première fois.

63.

REFRAIN.

O Sion ! séjour de délices,
Dans cet exil où je languis,
Je goûte déjà les prémices
Du bonheur qui me fut promis.

Quelles ravisantes merveilles,
    Quels délicieux concerts
Frappent mes yeux et mes oreilles !
    Les cieux sont-ils entr'ouverts ?

Le flambeau de la foi m'éclaire,
    Et sa divine clarté
Me fait pénétrer le mystère
    De la céleste cité.

Du Très-Haut j'aborde le trône ;
    Des élus forment sa cour :
Le vif éclat qui l'environne
    Fait pâlir l'astre du jour.

Puissance, amour, intelligence,
    Ineffable Trinité,
En vous réside l'espérance
    De notre félicité.

Je sens qu'un feu divin m'embrase.
    Le monde n'est rien pour moi ;
Et mon âme, dans son estase,
    Attend la mort sans effroi.

Je suis orphelin sur la terre,
    Mais à l'heure du trépas,
Ah ! je retrouverai mon Père
    Et volerai dans ses bras.

Tout ici-bas n'est que mensonge,
    Et notre vie un sommeil ;
Mais après ce pénible songe,
    Qu'il sera doux le réveil !

Dieu de bonté ! tu veux toi-même,
    Malgré mon indignité,
Ceindre mon front du diadème
    De ton immortalité.

O Sion ! séjour de délices,
Dans cet exil où je languis,
Je goûte déjà les prémices
Du bonheur qui me fut promis.

64.

Oui, je t'aime, ô Marie !
        Mère chérie,
        Veille sur moi !
T'obéir est ma loi.
        Pour te plaire,
    Je brûle d'ardeur ;
        De te plaire
    Je fais mon bonheur.

J'accours à ton autel,
Car, de ton cœur de mère
J'entends le doux appel.
Oui, malgré ma misère,
Tu veux, par de nouveaux bienfaits,
De ton amour m'apprendre les secrets.

    Qu'on est bien sous tes yeux !
    Il semble que mon âme
    Déjà respire aux cieux...
    Je la sens qui s'enflamme,
Pour être au nombre des élus,
D'un saint désir d'imiter tes vertus !

    Dans la tentation
    C'est là le sûr asile
    Où ton affection,
    Sachant rendre inutile
Toute la fureur de Satan,
Triomphe en moi de ce cruel tyran.

    Instruit à te chérir
    Dès ma plus tendre enfance,
    Tu me vois recourir
    Sans cesse à ta clémence,
Et toujours tu me rends heureux
En exauçant les moindres de mes vœux !

    Ah ! qu'ici je voudrais
    Passer toute ma vie !

Déjà je me croirais
En la sainte patrie.
Mais que dis-je? d'un tel bonheur
Je dois d'abord mériter la faveur !

Du moins, s'il faut quitter
Ce béni sanctuaire,
Partout j'ose espérer
En l'amour de ma Mère :
En tout lieu j'attends son secours,
Puisqu'en tout lieu je l'invoque toujours !

65.

Où va ma Mère bien-aimée?
Pourquoi fuit-elle nos déserts?
De pures flammes consumée,
Elle s'élève dans les airs.
A son aspect tout fait silence,
Le ciel entier forme sa cour,
Et le Très-Haut de sa puissance
Honore la Mère d'amour.

Réjouis-toi, terre chérie !
Sion, coule des jours heureux !
Jésus a couronné Marie ;
Ta fille est la Reine des cieux.
Unis ta voix aux chœur des anges,
Chante la gloire de ce jour,
Et dis honneur, amour, louanges,
A la Mère du bel amour.

Nos concerts pénètrent la nue,
Soudain les cieux se sont ouverts ;
Quelle splendeur s'offre à ma vue !
Salut, Reine de l'univers !
De majesté son front rayonne,
Elle est pure comme un beau jour,
Elle a le sceptre et la couronne.
C'est donc vous, ô Mère d'amour !

Mon cœur palpite : c'est ma Mère,
Oui, c'est ma Mère, je le sens...
Chérubins, d'une aile légère,
Venez, volez à ses enfants.
Ils ont franchi le ciel immense :
Voici Marie avec sa cour.
Prosternons-nous en la présence
De la Mère du bel amour.

J'entends sa voix.... Elle nous presse
De lui redire nos serments.
Répétons-les avec ivresse,
Et jurons d'être ses Enfants.
A vous aimer nos cœurs fidèles,
Dans un infidèle séjour,
Vivront à l'ombre de vos ailes,
O Marie ! ô Mère d'amour !

La violence des orages
Ne nous ébranlera jamais,
Toujours vous aurez nos hommages,
Toujours nous dirons vos bienfaits.
Nous le jurons d'un cœur sincère :
Nos cœurs sont à vous sans retour.
Ah ! soyez toujours notre Mère !
Soyez-nous la Mère d'amour !

66.

Par les chants les plus magnifiques,
Sion, célèbre ton Sauveur ;
Exalte dans tes saints cantiques
Ton Dieu, ton chef et ton pasteur.
Redouble aujourd'hui pour lui plaire
Tes transports, tes soins empressés :
Jamais tu n'en pourras trop faire. } bis.
Tu n'en feras jamais assez.

Ouvre ton cœur à l'allégresse,
A tout le feu de tes transports,

Lorsque son immense largesse
T'ouvre elle-même ses trésors.
Près de consommer son ouvrage,
Il consacre son dernier jour
A te laisser ce tendre gage
Qui mit le comble à son amour. } *bis.*

Offert sur la table mystique,
L'Agneau de la nouvelle loi
Termine enfin la pâque antique
Qui figurait le nouveau roi.
La vérité succède à l'ombre,
La loi de crainte se détruit,
La clarté chasse la nuit sombre,
Et la loi de grâce nous luit. } *bis.*

Jésus de son amour extrême
Veut éterniser le bienfait;
Ce que d'abord il fit lui-même,
Le prêtre à son ordre le fait :
Il change, ô prodige admirable !
Qui n'est aperçu que des cieux,
Le pain en son corps adorable,
Le vin en son sang précieux. } *bis*

L'œil se méprend, l'esprit chancelle,
Il cherche d'un Dieu la splendeur ;
Mais toujours ferme, un vrai fidèle
Sans hésiter voit son Seigneur.
Son sang pour nous est un breuvage,
Sa chair devient notre aliment ;
Les espèces sont le nuage
Qui nous le couvre au sacrement. } *bis.*

On voit le juste et le coupable
S'approcher du banquet divin,
Se ranger à la même table,
Prendre place au même festin.
Chacun reçoit la même hostie;
Mais qu'ils diffèrent dans leur sort !

Le juste tremble et boit la vie ;
L'impie affronte et boit la mort !   } bis.

Ce fils, sous la main paternelle,
Près de se voir percer le flanc ;
Cette victime solennelle,
Dont l'Hébreu voit couler le sang ;
La manne, au goût délicieuse,
Qui tous les jours tombait des cieux,
Sont la figure précieuse
Du prodige offert à nos yeux.   } bis.

Je te salue, ô Pain de l'ange !
Aujourd'hui pain du voyageur ;
Toi que j'adore et que je mange,
Ah ! viens dissiper ma langueur !
Loin de toi l'impur, le profane !
Pain réservé pour les enfants,
Mets des élus, céleste manne,
Objet seul digne de nos chants.   } bis.

Au secours de notre misère
Jésus se livre entièrement :
Dans la crèche il est notre frère,
Et sur l'autel notre aliment.
Quand il mourut sur le calvaire,
Il fut la rançon du pécheur ;
Triomphant dans son sanctuaire,
Il est du juste le bonheur.   } bis.

Honneur, amour, louange et gloire
Te soient rendus, ô bon Pasteur !
Vis à jamais dans ma mémoire,
Sois toujours gravé dans mon cœur.
O pain des forts ! par ta puissance
Soulage mon infirmité ;
Fais qu'engraissé de ta substance,
Je règne dans l'éternité.   } bis.

67.

Peuple infidèle,
Quoi! vous me trahissez!
Je vous appelle,
Et vous me délaissez!
Si je suis votre père,
Cessez de me déplaire :
Enfants ingrats,
Revenez dans mes bras.

Mon cœur soupire
Et la nuit et le jour :
Il ne désire
Qu'un mouvement d'amour.
Hélas! pour une idole
On se livre, on s'immole ;
Et pour Jésus,
On n'a que des refus.

En vain mes charmes
S'offrent à mes enfants ;
En vain mes larmes
S'écoulent par torrents :
Dédaignant ma tendresse,
Ils m'outragent sans cesse,
Avec transport
Ils courent à la mort.

Que puis-je faire
Pour attendrir vos cœurs
J'ai du Calvaire
Epuisé les douleurs ;
J'ai fermé les abîmes
Qu'avaient ouverts vos crimes ;
Et vous ingrats,
Vous fuyez de mes bras !

Quel sacrifice
Exigez-vous encor ?

Que je subisse
Une nouvelle mort?
J'y vole, je l'appelle :
Viens, frappe, mort cruelle !
   Mais dans mes bras
Ramène ces ingrats.

   Leurs mains impures
Renouvellent mes maux ;
   De mes blessures
Le sang coule à grand flots ;
Mon Père m'abandonne ;
Le trépas m'environne ;
   Je meurs... Ingrats,
Jetez-vous dans mes bras.

   Jésus expire ;
Jésus est délaissé !
   Par quel délire
L'homme est-il donc poussé ?
Il fuit son bien suprême,
Un Dieu la bonté même !
   De son Sauveur
Il déchire le cœur.

   Ah ! divin maître !
Je vous rends mon amour ;
   De tout mon être
Disposez sans retour.
Séchez enfin vos larmes :
L'ingrat cède à vos charmes ;
   Et son vainqueur,
C'est votre divin Cœur.

68.

Pourquoi cette vive allégresse
Qui brille sur nos fronts joyeux ?
Pourquoi ces nouveaux chants d'ivresse
Dont retentissent ces beaux lieux ?

Enfants d'une Mère chérie,
Chaque jour du mois vénéré,
Portons nos tributs à Marie,
Au pied de son trône sacré.

Vierge, reçois cette couronne ;
Fais qu'elle soit le gage heureux
De celle qu'auprès de ton trône
Tu nous réserves dans les cieux. .

Pour la gloire de votre Reine,
Quittant vos sacrés pavillons,
Autour de votre souveraine,
Anges, rangez vos bataillons.
Le front incliné vers la terre,
Mêlez votre amour et vos chants,
A ceux que, pour leur tendre Mère,
Font éclater tous ses enfants.

Et vous, ornement de la terre,
Croissez, croissez, charmantes fleurs ;
C'est pour le front de notre Mère
Que nous destinons vos couleurs.
Vierge, ici-bas, pour ta couronne,
Les fleurs nous offrent leurs présents.
Fais qu'un jour, auprès de ton trône,
Ta couronne soit tes enfants.

Hélas ! de la saison nouvelle
Les fleurs ne bravent point le temps,
Mais les dons d'une âme fidèle
Durent plus que leur doux printemps.
De tes vertus, ô Vierge pure !
Si tu daignes nous revêtir,
Rien ne flétrira la parure
Dont tu sauras nous embellir.

Marie, aimable protectrice,
Sur tes enfants jette les yeux ;

Vers eux étends tes mains propices
Et prête l'oreille à leurs vœux.
Nous demandons tous l'espérance,
De la foi le précieux don ;
L'innocent, la persévérance,
Et le coupable, son pardon.

69.

Prévenons les feux de l'aurore,
Allons, précipitons nos pas ;
La Vierge nous appelle encore,
Allons nous jeter dans ses bras.

REFRAIN.

Allons offrir à notre Mère
Un cœur brûlant de son amour ;
Consacrons dans son sanctuaire
Les prémices d'un si beau jour.

Aux pieds de la Vierge fidèle
Venez répéter vos serments ;
Venez tous, elle vous appelle,
Car tous vous êtes ses enfants.

Elle aime à se voir entourée
De ses fidèles serviteurs ;
Ils ne l'ont jamais implorée
Sans se voir combler de faveurs.

Justes, son amour vous invite ;
Votre Mère vous tend la main ;
Qu'à sa voix votre cœur palpite,
Venez reposer sur son sein.

Vous lui retracez le modèle
Et les traits de son fils Jésus ;
De sa tendresse maternelle
Ah ! pourriez-vous craindre un refus ?

Pécheur, son amour te réclame ;
Pour toi, son cœur est alarmé ;
Ton crime a déchiré son âme ,
Mais un fils est toujours aimé.

Elle reconnut au Calvaire
Jésus dans l'homme de douleurs ;
Elle va se montrer ta Mère
En te couvrant aussi de pleurs.

Heureux enfants de l'opulence,
Venez à son trône immortel ;
Des dons de la magnificence
Venez embellir son autel.

De votre or et de vos richesses
Quel usage plus glorieux ?
Vous achetez par ces largesses
Une avocate dans les cieux.

Vous que la fortune cruelle
Paraît poursuivre sans retour,
Chaque jour venez auprès d'elle
Chercher le pain de chaque jour.

Pauvre elle-même sur la terre,
Marie entendra vos accents ;
Des orphelins elle est la Mère,
Les malheureux sont ses enfants.

Vous tous qui répandez des larmes,
Venez, venez à ses genoux,
Et vos pleurs auront tant de charmes,
Que le ciel en sera jaloux.

Que dis-je ? votre âme attendrie
Retrouvera le vrai bonheur,
Sitôt que le nom de Marie
Retentira dans votre cœur.

70.

Priez pour nous,
Sainte Vierge Marie !
Obtenez-nous
De régner
Avec vous.

Du ciel, ô Mère tendre,
Appaisez le courroux,
Il aime à vous entendre
Priez, priez pour nous !

Un jour avec les anges,
Nos hymnes les plus doux,
Chanteront vos louanges,
Priez, priez pour nous !

Voyez, ô bonne Mère,
Vos enfants à genoux.
En vous leur cœur espère,
Priez, priez pour nous !

71.

Puissante protectrice
Des fragiles humains,
Vierge toujours propice
Veillez sur nos destins ;
Mille sujets d'alarmes
Sont semés sous nos pas ;
Dans ce séjour de larmes
Ne nous délaissez pas.

Satan, la chair, le monde,
Conspirent contre nous,
Que votre bras confonde
Tous leurs efforts jaloux
Vous êtes notre Mère
Secourez vos enfants,

En vous leur cœur espère
Rendez-les triomphauts.

Partout à l'innocence
Des piéges sont tendus,
Prenez notre défense
Ou nous sommes perdus.
Ah ! sur notre faiblesse
Daignez fixer vos yeux,
Et guidez-nous sans cesse
Pour nous conduire aux cieux.

72.

Quand l'eau sainte du baptême
Coula sur nos fronts naissants,
Et qu'un Dieu, la bonté même,
Nous adopta pour enfants,
    Muets encore,
D'autres promirent pour nous ;
Aujourd'hui, confessons tous
La foi dont un chrétien s'honore.

REFRAIN.

Foi de nos pères,
Notre règle et notre amour,
Nous embrassons dans ce jour
Et ta morale et tes mystères.

En vain à ma foi soumise
S'oppose un orgueil trompeur ;
Sur les traces de l'Eglise
Puis-je marcher dans l'erreur ?
    Trinité sainte
Je te confesse et te crois,
Et je t'adore trois fois,
Et plein d'amour et plein de crainte.

Annoncé par mille oracles
Et de la terre l'espoir,

L'Homme-Dieu par ses miracles
Fait éclater son pouvoir.
Victime pure,
Il triomphe du trépas,
Et je n'adorerais pas
En lui l'auteur de la nature?

Que sa morale est divine!
Que sa parole a d'attrait!
Tous les cœurs qu'il illumine,
Il les console en secret.
Et l'on blasphème
Ce Dieu fait homme pour nous!
Ingrats, tombez à genoux!...
Voyez s'il mérite qu'on l'aime.

Par un funeste héritage,
Nos parents, avec le jour,
Nous transmirent en partage
La haine d'un Dieu d'amour;
J'implore et crie,
Dieu s'offense de mes pleurs,
Mais Jésus a dit : « Je meurs! »
Et sa mort me rend à la vie.

Ciel! quelle robe éclatante!
Quel bain pur et bienfaisant!
Quelle parole puissante
De Dieu m'a rendu l'enfant?
Je te baptise...
Le ciel s'ouvre, plus d'enfer;
Et des anges le concert
M'introduit au sein de l'Eglise.

De quel œil de complaisance
Vous me vîtes, ô mon Dieu!
Quand, revêtu d'innocence,
On m'emporta du saint lieu.
Pensée amère,
O beau jour trop tôt passé!

Hélas ' je me suis lassé ,
Mon Dieu, de vous avoir pour père.

J'ai blessé votre tendresse,
Violé vos saintes lois ;
Vous me rappeliez sans cesse ,
Je repoussais votre voix.
    Du moins mes larmes
Obtiendront-elles pardon ?
Seigneur, de votre maison
Je puis encore goûter les charmes.

 Loin de moi, monde profame ,
Fuis, ô plaisir séduisant ,
L'Evangile vous condamne ;
Vous blessez en caressant.
    Sous votre empire,
Mon Dieu, sont les vrais trésors ;
Vos douceurs sont sans remords :
C'est pour elles que je soupire.

Loin de ces tentes coupables
Où s'agite le pécheur,
Sous vos pavillons aimables
J'irai jouir du bonheur.
    Avant l'aurore
Mon cœur vous appellera,
Et quand le jour finira,
Mes chants vous béniront encore.

73.

Quand te verrai-je, ô belle patrie !
Où Dieu seul doit faire mon bonheur,
Où mon âme, d'amour attendrie ,
Ne brûlera que pour le Seigneur ?

REFRAIN.

Ah ! pourquoi sur la rive étrangère
Voudrais-je prolonger mon séjour ?

Voyageur exilé sur la terre,
Loin du ciel je languis nuit et jour.

De la foi la clarté douce et pure
Dans mon cœur fait naître un noble espoir ;
Mais pour charmer les maux que j'endure,
O mon Dieu ! j'ai besoin de vous voir.

Les soupirs, les pleurs sont mon partage,
Sur vos bords, habitants de Cédar ;
Quand pourrai-je quitter votre plage ?
Quand viendra le signal du départ ?

De Jésus la charité me presse ;
Mes désirs sont le fruit de ma foi
Si la mort fait naître mon ivresse,
C'est qu'au ciel sont tous les biens pour moi.

74.

Qu'aux vœux du mondain tout se prête .
De festons qu'il orne sa tête,
Et dans les ris passe ses jours
     De fête ;
Mon Jésus fera mes amours
     Toujours.

Contre moi la foule mondaine
En vain s'agite et se déchaîne ;
Ah ! que m'importe si j'encours
     Sa haine ;
Mon Jésus fera mes amours
     Toujours.

Le pécheur, l'impie a beau faire
Pour semer de fleurs sa carrière ;
Il n'a que des plaisirs bien courts
     Sur terre.
Mais Jésus fera mes amours
     Toujours.

S'il faut, dans des plages lointaines,
D'un dur exil porter les chaînes,
J'accepte, ô mon Dieu ! ce long cours
   de peines.
Mon Jésus fera mes amours
   Toujours.

L'enfer sans cesse en vain m'inonde
De flots d'amertume profonde ;
Non, je n'attends aucun secours
   Du monde.
Mon Jésus fera mes amours.
   Toujours.

En vain des nuages sans nombre
Couvrent mon cœur d'un crêpe sombre,
Et versent sur mes plus beaux jours
   Leur ombre ;
Mon Jésus fera mes amours
   Toujours.

La vie, au milieu des alarmes,
Peut-elle encore offrir des charmes?
Mon pain est baigné tous les jours
   De larmes ;
Mais Jésus fera mes amours
   Toujours

Ah ! combien pesante est la chaîne
Des lugubres jours que je traîne.
Oui, j'en verrai briser le cours
   Sans peine,
Et Jésus fera mes amours
   Toujours.

75.

Quel doux penser me transporte et m'enflamme,
O mon Jésus, c'est vous que j'aperçois :
« Trois jours encore, et je viens dans ton âme,
» La visiter pour la première fois,   *bis.*

» Je cherche un cœur simple et sans artifices,
» Brûlant d'amour et docile à mes lois.
» En le trouvant, je ferai mes délices
» De le nourrir pour la première fois. »   *bis.*

Ah! bienheureux le cœur tendre et fidèle,
Il s'en faut bien, Seigneur, que je le sois ;
Non, je ne puis, insensible et rebelle,
M'unir à vous pour la première fois.

Longtemps, hélas ! le démon fut mon maître,
Et cet empire, il le dut à mon choix ;
Plein de remords, oserai-je paraître
Devant mon Dieu pour la première fois ?   *bis.*

Mais, qu'ai-je dit ? sa bonté m'encourage :
De mes péchés j'ai senti tout le poids ;
Je les déteste. Achevez votre ouvrage,
Venez à moi pour la première fois.   *bis.*

Agneau sans tache, immolé pour le monde,
Vous le sauvez en mourant sur la croix ;
C'est sur la croix que mon espoir se fonde :
Venez, mon Dieu, pour la première fois.   *bis.*

Aimable Agneau, sang divin, chair sacrée !
Par mes désirs déjà je vous reçois :
Ils vous ont plu, votre cœur les agréc ;
Venez, mon Dieu, pour la première fois.   *bis.*

Un faible enfant, et le Dieu de puissance !...
A votre amour vous cédez, je le vois.
Touché, ravi, transporté, je m'avance.
Venez, mon Dieu, pour la première fois.   *bis.*

Un jour, peut-être, ardent à se répandre,
Ce feu céleste animera ma voix :
Je vous louerai, mais venez me l'apprendre,
Venez, mon Dieu, pour la première fois.   *bis.*

Qui dira tes grandeurs, ô ma Mère chérie !
Astre brillant du ciel, tendre, aimable Marie,
    Qui dira tes bienfaits ?
Les gloires des mondains, vaines et périssables,
Ne sauraient égaler tes gloires ineffables,
    Qui ne passent jamais.

La lune, sous tes pieds parcourant sa carrière,
Ne pourrait devant toi conserver sa lumière,
    Et serait sans beauté.
Et le soleil lui-même, avouant ta victoire,
Pâlirait éclipsé des rayons de ta gloire
    Et perdrait sa clarté.

Comme Reine des saints l'Eglise te révère ;
Au-dessous de Dieu seul, au ciel et sur la terre,
    Que ton triomphe est beau !
Tout mortel, effrayé d'avoir un Dieu pour juge,
Réclame ton secours et demande un refuge
    A ton royal manteau.

Quand du pauvre mourant, que tu rends à la vie,
Tu combles tous les vœux, j'admire et je m'écrie:
    Que ton bras est puissant !   [plore,
Mais si, sans même attendre une voix qui t'im-
Tu préviens mes désirs, je dis plus vite encore :
    Que ton cœur est aimant !

Bien souvent, en ton sein mon âme fatiguée,
Sous le poids des douleurs succombant oppres-
    Cherche un peu de repos ;   [sée
Et toi, dont la bonté chaque instant manifeste,
Te hâtant d'appliquer un remède céleste,
    Tu guéris tous mes maux.

Que j'aime, prosterné devant ta sainte image,
Me prendre à contempler comme en léger nuage
    Monte vers toi l'encens !

Ainsi, j'ose espérer qu'à ton cœur agréables,
D'un bienveillant accueil à l'amour redevables,
    Montent vers toi mes chants !

Que j'aime, recueilli dans mon humble prière,
Tout occupé de toi, m'éloignant de la terre,
    Déjà me croire aux cieux !
Et si je songe encore à cette triste vie,
Ah ! que j'aime à t'offrir, ô divine Marie !
    Un bouquet de mes vœux !

De ce trône éminent où je te vois assise,
Usant d'un plein pouvoir que Dieu même autorise,
    Exauce ton enfant !
Et lorsque je viendrai t'exposer ma misère,
Fais que toujours ainsi je trouve en toi, ma Mère,
    Un regard indulgent !

77.

Qu'ils sont aimés, grand Dieu, tes tabernacles !
Qu'ils sont aimés et chéris de mon cœur !
Là, tu te plais à rendre tes oracles :
La foi triomphe, et l'amour est vainqueur.

Qu'il est heureux, celui qui te contemple
Et qui soupire au pied de tes autels !
Un seul moment qu'on passe dans ton temple
Vaut mieux qu'un siècle au palais des mortels.

Je nage au sein des plus pures délices ;
Le ciel entier, le ciel est dans mon cœur.
Dieu de bonté ! de faibles sacrifices
Méritaient-ils cet excès de bonheur ?

En les comblant par un charme suprême,
Un Dieu puissant irrite mes désirs ;
Il me consume, et je sens que je l'aime,
Et cependant je m'exhale en soupirs.

Autour de moi, les anges en silence
D'un Dieu caché contemplent la splendeur,

Anéantis en sa sainte présence,
O chérubins! enviez mon bonheur.

Et je pourrais, à ce monde qui passe,
Donner un cœur par Dieu même habité!
Non, non, mon Dieu, je puis tout par ta grâce :
Dieu, sauve-moi de ma fragilité!

En Souverain règne, commande, immole,
Règne surtout par le droit de l'amour.
Adieu, plaisirs! adieu, monde frivole!
A Jésus seul j'appartiens sans retour.

78.

Reçois nos hommages,
Dans ce mois de fleurs,
Retiens les orages
Sous tes pieds vainqueurs.
Ah! tes douces fêtes
Calment les tempêtes.

REFRAIN.

Toujours, toujours,
Aimable Marie!
O Vierge chérie!
Sois nos amours,
Toujours, toujours.

Le ciel doux et tendre,
Comme un cœur bien pur,
Pour toi vient d'étendre
Son voile d'azur,
Et la tourterelle
Dans nos bois t'appelle.

La nature entière
Semble sous ta loi;
Hormis le tonnerre,
Tout parle de toi;
Le chant des campagnes
Répète aux montagnes :

Qu'une main légère
Cueille en même temps
Les fleurs du parterre
Et le lis des champs;
Céleste immortelle,
Tu sera plus belle.

Espoir de la terre,
Délices du ciel,
Dans la vie amère
Fleurs pleines de miel;
Brillante colombe
Planant sur la tombe :

Garder l'innocence,
C'est t'aimer encor;
Mais si l'inconstance
Perd ce doux trésor,
O Vierge céleste!
Ta bonté nous reste.

Ta main nous relève
En nous caressant,
Et comme un beau rêve,
Au suprême instant,
Ta couronne blanche
Sur nos fronts se penche.

Une âme infidèle
Peut bien t'offenser,
Te chasser loin d'elle,
Jamais te lasser ;
Son malheur t'implore :
Tu reviens encore.

Toujours, toujours,
Aimable Marie !
O Vierge chérie !
Sois nos amours,
Toujours, toujours.

79.

Recueillons-nous, le prodige s'opère :
Jésus paraît, Jésus descend des cieux,
De sa présence il honore ces lieux ;
   Je me prosterne et le révère,
     Je l'adore et je crois.
       C'est mon roi,
       C'est mon père ;
       Le mystère
    Ne l'est plus pour moi.
   Une céleste lumière
     Brille et m'éclaire :
    Oui, je le vois.

Disparaissez, vains objets de la terre ;
Vous n'aurez plus d'empire sur mon cœur ;
En Jésus seul il trouve son bonheur ;
   C'est à Jésus seul qu'il veut plaire.
    Gloire à ce divin Roi !
      C'est vers moi
      Qu'il s'abaisse ;
      Sa tendresse
    Réveille ma foi.
   Que sa bonté me bénisse !
    Que j'accomplisse
    Sa sainte loi !

80.

Reine des Cieux, de notre tendre hommage
   Nous vous offrons le faible encens ;
Que votre nom soit chanté d'âge en âge :
Qu'il soit toujours l'objet de nos accents.
   Les cieux l'admirent en silence ;
Comment oser célébrer sa grandeur ?
   Mais oublions notre impuissance,
   Ne consultons que notre cœur.
    Reine des cieux, etc.

De l'homme, hélas ! le crime est le partage,
Il naît coupable et corrompu :
Dieu la sauva de ce triste naufrage ;
Rien n'altéra l'éclat de sa vertu.
Ainsi du lis, dans nos prairies,
Rien ne ternit la brillante couleur :
Entouré de tiges fleuries,
Il ne perd rien de sa blancheur.
Reine des cieue, etc.

L'appât trompeur et séduisant des vices
Ne corrompit jamais son cœur :
Plaire à son Dieu fit toujours ses délices,
Vivre pour lui fit toujours son bonheur.
Bientôt son aimable innocence
Et ses vertus vont recevoir leur prix :
Le jour paraît, l'instant s'avance...
Le fils d'un Dieu devient son fils.
Reine des cieux, etc.

Mère d'un Dieu, que ce titre sublime
Coûte à son cœur ! qu'il va souffrir !
De nos péchés son Fils est la victime...
Amour, amour, y peux-tu consentir ?
Quel sacrifice pour ta mère !
L'amour le veut et l'amour le défend...
Sa tendresse enfin nous préfère :
Son cœur génit... mais il consent.
Reine des cieux, etc.

O Vierge sainte, auguste protectrice,
Que votre amour veille sur nous,
D'un Dieu sévère apaisez la justice,
Et suspendez l'effet de son courroux.
Insensible à notre tristesse,
Si des mortels vous dédaignez les vœux,
Rappelez à votre tendresse
Que votre Fils mourut pour eux.
Reine des cieux, etc.

Soutenez–nous au milieu des alarmes,
  Secourez–nous dans nos malheurs.
Vous plairiez–vous à voir couler nos larmes ?
Vous êtes mère, et nous versons des pleurs.
  Ah ! songez que notre misère
Devint pour vous la source des grandeurs,
  Dieu vous eût-il prise pour mère
  Si nous n'eussions été pécheurs ?

  Reine des cieux, etc.

81.

  Reine des cieux,
  Jette les yeux
Sur ce béni sanctuaire ;
  Et des pécheurs
  Guéris les cœurs,
Et montre-toi notre mère.

  Entends nos vœux,
  Rends–nous heureux
En nous donnant la victoire;
  Et pour jamais
  De tes bienfaits
Nous garderons la mémoire.

  Mets en nos cœurs
  Les belles fleurs,
Symboles de l'innocence ;
  Conserve-nous
  Les dons si doux
De foi, d'amour, d'espérance.

  Des noirs enfers
  Brise les fers,
Ces fers d'un dur esclavage ;
  Eteins les feux
  De l'antre affreux,
Et sauve-nous de sa rage.

  Astre des mers,
  Des flots amers

Calme la vague écumante ;
    Chasse la mort
    Et mène au port
Notre nacelle tremblante.

    Ne souffre pas
    Que le trépas
Nous surprenne dans le crime ;
    Non, ton enfant
    Du noir serpent
Ne sera point la victime.

    Si les accents
    De tes enfants
S'élèvent jusqu'à ton trône ;
    Dans ce séjour
    Du bel amour
Garde-leur une couronne.

    Accorde-nous
    De t'aimer tous
Dans la céleste patrie,
    Et d'y fêter
    Et d'y chanter
L'aimable nom de Marie.

82.

DIEU.

Reviens, pécheur, à ton Dieu qui t'appelle,
Viens au plus tôt te ranger sous sa loi ;
Tu n'as été déjà que trop rebelle :
Reviens à lui, puisqu'il revient à toi.   *bis.*

LE PÉCHEUR.

Voici, Seigneur, cette brebis errante
Que vous daignez chercher depuis longtemps ;
Touché, confus d'une si longue attente,
Sans plus tarder je reviens, je me rends.   *bis.*

Pour t'attirer, ma voix se fait entendre ;
Sans me lasser, partout je te poursuis ;
D'un Dieu, pour toi, du père le plus tendre
J'ai les bontés, ingrat, et tu me fuis !   *bis.*

LE PÉCHEUR.

Errant , perdu, je cherchais un asile ;
Je m'efforçais de vivre sans effroi ;
Hélas ! Seigneur, pouvais-je être tranquille
Si loin de vous, et vous si loin de moi?   *bis.*

DIEU.

Attraits, frayeur, remords, secret hommage ,
Qu'ai-je oublié dans mon amour constant?
Ai-je pour toi dû faire davantage?
Ai-je pour toi dû même en faire autant?   *bis.*

LE PÉCHEUR.

Je me repens de ma faute passée ;
Contre le Ciel, contre vous j'ai péché ;
Mais oubliez ma conduite insensée,
Et ne voyez en moi qu'un cœur touché.   *bis.*

DIEU.

Si je suis bon, faut-il que tu m'offenses?
Ton méchant cœur s'en prévaut chaque jour.
Plus de rigueur vaincrait tes résistances ;
Tu m'aimerais, si j'avais moins d'amour.   *bis.*

LE PÉCHEUR.

Que je redoute un juge, un Dieu sévère !
J'ai prodigué des biens qui sont sans prix ;
Comment oser vous appeler mon père?
Comment oser me dire votre fils?   *bis.*

DIEU.

Marche au grand jour que t'offre ma lumière ;
A sa faveur tu peux faire le bien.

La nuit bientôt finira ta carrière ;
Funeste nuit, où l'on ne peut plus rien !   *bis.*

LE PÉCHEUR.

Dieu de bonté, principe de tout être,
Unique objet digne de nous charmer,
Que j'ai longtemps vécu sans vous connaître !
Que j'ai longtemps vécu sans vous aimer !   *bis.*

DIEU.

Ta courte vie est un songe qui passe,
Et de ta mort le jour est incertain :
Si j'ai promis de te donner ta grâce,
T'ai-je jamais promis le lendemain ?   *bis,*

LE PÉCHEUR.

Votre bonté surpasse ma malice ;
Pardonnez-moi ce long égarement !
Je le déteste, il fait tout mon supplice,
Et pour vous seul j'en pleure amèrement.   *bis.*

DIEU.

Le ciel doit-il te combler de délices,
Dans le moment qui suivra ton trépas,
Ou bien l'enfer t'accabler de supplices ?
C'est l'un des deux, et tu n'y penses pas !   *bis.*

LE PÉCHEUR.

Je ne vois rien que mon cœur ne défie ;
Malheurs, tourments, ou plaisirs les plus doux ;
Non, fallut-il cent fois perdre la vie,
Rien ne pourra me séparer de vous.   *bis.*

83.

RÉFRAIN.

Souvenez-vous, ô pieuse Marie !
Qu'on n'eut jamais en vain recours à vous :
   Nous voici donc, Mère chérie !
   Nous vous prions... exaucez-nous !

Dix-huit siècles, heureux de publier sa gloire,
Ont chanté tour à tour, dans leurs brillants con-
[certs,
La Mère de Jésus, et sa douce mémoire
Bénie au fond des cœurs, vit dans tout l'univers!

Ceux qui souffrent surtout ont accès auprès
[d'elle ;
A peine ils ont besoin d'exprimer leurs désirs :
Constamment attentive à la voix qui l'appelle,
Elle exauce souvent jusqu'aux moindres soupirs.

Que de fois on a vu — glorieuse conquête!
Son amour obtenir la grâce des pécheurs!
Que de fois, se montrant au fort de la tempête,
Elle a calmé les flots et rassuré les cœurs!

Ah! qu'il est consolant à mon âme coupable,
Ce touchant souvenir de ses bienfaits passés!
Je le sens, ô Marie! un lourd fardeau m'accable,
Mais priez... et je vois mes crimes effacés.

Sous le joug de Satan j'ai versé trop de larmes...
Trop de cruels remords ont déchiré mon sein..
Il faut, pour m'arracher à d'horribles alarmes,
De la mère d'un Dieu la secourable main.

Oh! non, vous ne pouvez mépriser ma prière...
Malheureux et pécheur, je suis bien votre enfant,
Eh! quel fils, même indigne, a jamais vu sa mère
Contrister d'un refus son regard suppliant?

Ah! puisque le Très-Haut, dans sa méséricorde,
Veut se servir de vous pour me rendre au bon-
[heur,
Faites qu'aux saints désirs que sa bonté m'ac-
De la persévérance il joigne la faveur .   [corde,

   Souvenez-vous, ô pieuse Marie,
   Qu'on n'eut jamais en vain recours à vous :
      Nous voici donc, Mère chérie !
      Nous vous prions... exaucez-nous !

7

84.

Souvenez-vous, ô tendre mère !
Qu'on n'eut jamais recours à vous
Sans voir exaucer sa prière,
Et dans ce jour exaucez-nous !

Des siècles écoulés j'interroge l'histoire :
Pour dire ses bienfaits ils n'ont tous qu'une voix.
Verrai-je en un seul jour s'obscurcir tant de
[gloire ?
L'invoquerai-je en vain pour la première fois?

Marie aux vœux de tous prêta toujours l'oreille ;
Le juste est son enfant, il peut tout sur son cœur;
Mais auprès du pécheur jour et nuit elle veille,
Il est son fils aussi, l'enfant de sa douleur !...

Et moi, de mes péchés traînant la longue chaîne,
Vierge sainte, à vos pieds j'implore mon pardon;
Me voici tout tremblant, et je n'ose qu'à peine
Lever les yeux vers vous, prononcer votre nom.

Mais quoi ! je sens mon cœur s'ouvrir à l'espé-
Il retrouve la paix, il palpite d'amour;   [rance ;
Je n'ai pas vainement imploré sa clémence :
La Mère de Jésus est ma Mère en ce jour.

Mes vœux sont exaucés, puisque j'aime ma Mère
Et que d'un feu si doux je me sens enflammé.
Je dirai donc aussi que, malgré ma misère,
Son cœur m'a répondu quand je l'ai réclamé.

Je n'ai plus qu'un désir à former sur la terre,
O ma mère ! mettez le comble à vos bienfaits :
Que j'expire à vos pieds, et dans ce sanctuaire,
Si je ne dois au ciel vous aimer à jamais !

85.

Tendre Marie,
Souveraine des cieux,
Mère chérie,
Patronne de ces lieux,
Veillez sur notre enfance,
Sauvez notre innocence,
Conservez-nous ce trésor précieux.

Mère de vie,
O doux présent des cieux,
De Dieu choisie
Pour combler tous nos vœux,
Voyez notre misère,
Montrez-vous notre Mère ;
Protégez-nous en ces jours orageux.

L'enfer s'élance,
Dans sa noire fureur ;
De notre enfance
Il veut ternir la fleur.
A peine à notre aurore,
Oui, nous vaincrons encore,
Si votre amour nous promet sa faveur.

Dès le jeune âge
On peut être au Seigneur :
De notre hommage
Offrez-lui la ferveur.
Pour embraser nos âmes,
Ah ! prêtez-nous vos flammes,
Mère de Dieu, prêtez-nous votre cœur.

O Bienfaitrice
De nos plus jeunes ans !
O Protectrice
De nos derniers moments !
O douce, ô tendre Mère !
Trop heureux de vous plaire,
Toujours , toujours, nous serons vos enfants.

Tout n'est que vanité,
Mensonge et fragilité,
Dans tous ces objets divers
Qu'offre à nos regards l'univers ;
Tous ces brillants dehors ,
Cette pompe,
Ces biens, ces trésors,
Tout nous trompe,
Tout nous éblouit,
Mais tout nous échappe et nous fuit.

Telles qu'on voit les fleurs,
Avec leurs vives couleurs,
Eclore, s'épanouir,
Se faner, tomber et périr,
Tel est des vains attraits
Le partage ;
Tel l'éclat, les traits
Du belle âge,
Après quelques jours,
Perdent leur beauté pour toujours.

En vain, pour être heureux.
Le jeune voluptueux
Se plonge dans les douceurs
Qu'offrent les mondains séducteurs ;
Plus il suit les plaisirs
Qui l'enchantent ;
Et moins ses désirs
Se contentent :
Le bonheur le fuit
A mesure qu'il le poursuit.

Que doivent devenir,
Pour l'homme qui doit mourir,
Ces biens longtemps amassés,
Cet argent, cet or entassés ?

Fût-il du genre humain
Seul le maître,
Pour lui tout enfin
Cesse d'être.
Au jour de son deuil,
Il n'a plus à lui qu'un cercueil.

Que sont tous ces honneurs,
Ces titres, ces noms flatteurs?
Où vont de l'ambitieux
Les projets, les soins et les vœux
Vaine ombre, pur néant,
Vil atôme,
Mensonge amusant,
Vrai fantôme
Qui s'évanouit
Après qu'il l'a toujours séduit.

Tel qu'on voit aujourd'hui
Ramper au-dessous de lui
Un peuple d'adorateurs,
Qui brigue à l'envi ses faveurs,
Tel devenu demain
La victime
D'un revers soudain
Qui l'opprime,
Nouveau malheureux
Est esclave et rampe comme eux.

J'ai vu l'impie heureux
Porter son air fastueux
Et son front audacieux
Au-dessus du cèdre orgueilleux :
Au loin tout révérait
Sa puissance,
Et tout adorait
Sa présence.
Je passe, et soudain
Il n'est plus, je le cherche en vain

Que sont donc devenus
Ces grands, ces guerriers connus,
Ces hommes dont les exploits
Ont soumis la terre à leurs lois ?
Les traits éblouissants,
De leur gloire,
Leurs noms éclatants,
Leur mémoire,
Avec les héros
Sont entrés au sein des tombeaux.

Au savant orgueilleux
Que sert un génie heureux
Un nom devenu fameux
Par mille travaux glorieux ?
Non, les plus beaux talents,
L'éloquence,
Les succès brillants,
La science,
Ne servent de rien
A qui ne sait vivre en chrétien.

Arbitre des humains,
Dieu seul tient entre ses mains
Les événements divers,
Et le sort de tout l'univers ;
Seul il n'a qu'à parler,
Et la foudre
Va frapper, brûler,
Mettre en poudre
Les plus grands héros,
Comme les plus vils vermisseaux.

La mort, dans son courroux,
Dispense à son gré ses coups,
N'épargne ni le haut rang
Ni l'éclat auguste du sang.
Tout doit un jour mourir,
Tout succombe,

Tout doit s'engloutir
Dans la tombe ;
Les sujets, les rois
Iront s'y confondre à la fois.

Oui, la mort, à son choix,
Soumet tout âge à ses lois,
Et l'homme ne fut jamais
A l'abri d'un seul de ses traits :
Comme sur son retour,
La vieillesse,
Dans son plus beau jour,
La jeunesse,
L'enfance au berceau,
Trouvent tour-à-tour leur tombeau.

Oh ! combien malheureux
Est l'homme présomptueux
Qui, dans ce monde trompeur,
Croit pouvoir trouver le bonheur.
Dieu seul est immortel,
Immuable,
Seul, grand, éternel.
Seul aimable ;
Avec son secours,
Soyons à lui seul pour toujours.

87.

Travaillez à votre salut ;
Quand on le veut, il est facile ;
Chrétiens, n'ayez point d'autre but ;
Sans lui, tout devient inutile.

REFRAIN.

Sans le salut, pensez-y bien,
Tout ne vous servira de rien.

Oh! que l'on perd en le perdant !
On perd le céleste héritage ;
Au lieu d'un bonheur si charmant,
On a l'enfer pour son partage

Que sert de gagner l'univers,
Si l'on vient à perdre son âme,
Et s'il faut au fond des enfers
Brûler dans l'éternelle flamme ?

Rien n'est digne d'empressement,
Si ce n'est la vie éternelle ;
Le reste est vain amusement,
Folle et futile bagatelle.

C'est pour toute une éternité
Qu'on est heureux ou misérable
Que, devant cette vérité,
Tout ce qui passe est méprisable !

Grand Dieu ! que tant que nous vivrons
Cette vérité nous pénètre ;
Ah ! faites que nous nous sauvions,
A quelque prix que ce puisse être.

88.

REFRAIN.

Triomphe ! victoire !
Amour, honneur et gloire !
Voici, voici le jour
Où triomphe l'amour !
Jésus dompte la mort, Jésus est plein de vie ;
Amour, honneur et gloire à Jésus, à Marie !

Vierge sainte, le Dieu qui s'est fait votre enfant
Ne pouvait du tombeau goûter la pourriture ;
Le Roi des Cieux, Jésus, le Dieu de la nature,
Ne pouvait mourir qu'un instant.

Votre fils a quitté son tombeau glorieux ;
Aux premiers feux du jour, fidèle à sa promesse,

Il s'est levé des morts : tout brille d'allégresse
Sur la terre, au plus haut des cieux.

Vous avez partagé ses amères douleurs,
Vous vouliez avec lui mourir sur le Calvaire ;
Entrez donc dans sa joie, ô douce et tendre Mère !
Et priez-le pour les pécheurs.

89.

Trop heureux enfants de Marie,
Venez entourer ses autels ;
Venez d'une Mère chérie
Chanter les bienfaits immortels.
Et vous, célestes chœurs des anges,
Prêtez-nous vos divins accords :
Que tout célèbre ses louanges,
Que tout seconde nos transports.

Vierge, le plus parfait ouvrage
Sorti des mains du Créateur.
Beauté pure, heureux assemblage
Et d'innocence et de grandeur,
Quel éclat pompeux t'environne
Au brillant séjour des élus,
Le Très-Haut lui-même y couronne
En toi la Reine des vertus.

Astre propice, aimable aurore,
Qui nous annonças le Seigneur,
Au faible mortel qui t'implore,
Daigne offrir un bras protecteur.
Loin de toi, loin de ma patrie,
Je me consume en vains désirs.
O ma Mère ! ô tendre Marie !
Entends la voix de mes soupirs.

Contre la timide innocence,
L'enfer, le monde conjurés,
Veulent ravir à ta puissance
Ces cœurs qui te sont consacrés.

Toujours menacé du naufrage,
Toujours rejeté loin du port,
Jouet des vents et de l'orage,
Quel sera donc enfin mon sort?

Mais déjà le sombre nuage
S'éloigne : je le vois pâlir ;
Je sens renaître mon courage...
Non, non, je ne saurais périr.
Du sein de la gloire éternelle,
Ma Mère anime mon ardeur ;
Si mon cœur lui reste fidèle,
Par elle je serai vainqueur.

Doux appui de notre espérance ;
O mère de grâce et d'amour !
Heureux qui, dès sa tendre enfance ;
A toi s'est voué sans retour ;
Ta main daigne essuyer ses larmes,
Tu le soutiens dans ses combats ;
Il voit le terme sans alarmes,
Et s'endort en paix dans tes bras.

90.

Quittons quelque temps le monde,
N'écoutons que le Seigneur ;
C'est dans une paix profonde
Qu'il aime à parler au cœur.

Un Dieu vient se faire entendre ;
Quelle ineffable faveur !
A sa voix il faut nous rendre
Et répondre à son ardeur.

Dans l'état le plus horrible
Le péché vous a réduits ;
Mais à vos malheurs sensible,
Vers vous Dieu nous a conduits

Sur vous il fera reluire
Un rayon de sa clarté :
Dans vos cœurs il va produire
Le feu de sa charité.

Trop longtemps, hélas ! le crime
N'eut pour vous que trop d'attraits.
Qu'un saint désir vous anime
A le bannir pour jamais !

Loin de vous toute injustice !
Plus de haine et de fureurs !
Que rien d'impur ne ternisse
Ni votre esprit ni vos mœurs.

Quel bonheur inestimable,
Si, plein d'un vrai repentir,
De son état misérable
Le pécheur voulait sortir !

Ah ! Seigneur, qu'enfin se fasse
Ce changement souhaité ;
Dans nos cœurs, par votre grâce,
Descendez, Dieu de bonté.

Brisez de ces cœurs rebelles
La coupable dureté ;
Grand Dieu ! rendez-les fidèles.
A suivre la vérité.

91.

Un fantôme brillant séduisit ma jeunesse ;
Sous le nom du plaisir il égara mes pas.
Insensé que j'étais ! je n'apercevais pas
L'abîme que des fleurs cachaient à ma faiblesse.

REFRAIN.

Mais enfin, revenu de mes égarements,
Remettant mon salut à ta bonté chérie,
O mon Dieu ! mon soutien, après mille tour-
[ments,
Quand je reviens à toi, je reviens à la vie.

Faux plaisirs où je crus ne trouver que des
[charmes
Ivresse de mes sens, trompeuse volupté,
Hélas ! en vous cherchant, que vous m'avez coûté
De craintes, de douleurs, de regrets et de larmes !

Vous qui par tant de soins souteniez mon enfance,
O mon père ! ô ma mère ! à combien de douleurs
Ma jeunesse indocile a dû livrer vos cœurs
Et provoquer du Ciel la trop juste vengeance !

Pardonnez, pardonnez à votre enfant coupable.
Hélas ! cent fois puni d'oublier vos leçons,
Même au sein des plaisirs, par des remords pro-
Il expiait déjà son crime impardonnable. [fonds,
Oui, mon Dieu ! c'en est fait, touché de ta clé-
[mence,
Je quitte pour toujours le monde et ses appas.
Nouvel enfant prodigue, appelé dans tes bras,
Je retrouve à la fois mon père et l'innocence.

Sainte paix, calme heureux où mon âme repose,
Plaisir délicieux dont s'enivre mon cœur,
Oh ! ne me quittez plus, donnez-moi le bonheur
Qu'en vain depuis longtemps le monde me pro-
[pose.

92.

REFRAIN.

Venez, divin Messie,
Sauvez nos jours infortunés :
Venez, source de vie,
Venez, venez, venez !

Ah ! descendez, hâtez vos pas ;
Sauvez les hommes du trépas ;
Secourez-nous, ne tardez pas.
Venez, divin Messie,
Sauvez nos jours infortunés
Venez, source de vie,
Venez, venez, venez !

Ah ! désarmez votre courroux ;
Nous soupirons à vos genoux,
Seigneur, nous n'espérons qu'en vous.
   Pour nous livrer la guerre,
Tous les enfers sont déchaînés ;
   Descendez sur la terre,
   Venez, venez, venez.

Que nos soupirs soient entendus :
Les biens que nous avons perdus
Ne nous seront-ils point rendus ?
   Voyez couler nos larmes ;
Grand Dieu ! si vous nous pardonnez,
   Nous n'aurons plus d'alarmes ;
   Venez, venez, venez.

Si vous venez dans ces bas lieux,
Nous vous verrons victorieux
Fermer l'enfer, ouvrir les cieux,
   Nous l'espérons sans cesse :
Les cieux nous furent destinés,
   Tenez votre promesse,
   Venez, venez, venez.

Ah ! puissions-nous chanter un jour,
Dans votre bienheureuse cour,
Et votre gloire et votre amour.
   C'est là l'heureux partage
De ceux que vous prédestinez ;
   Donnez-nous-en le gage ;
   Venez, venez, venez.

93.

Venez, venez, Créateur de nos âmes.
Esprit saint qui nous animez !
Brûlez, brûlez, de vos célestes flammes
Les cœurs que vous avez formés.

Visitez-nous, Dieu de lumière,
Source de paix, et de bonheur,
Don du Très-Haut, feu salutaire,
Venez régner dans notre cœur.

Venez, venez! par un rayon propice
Daignez nous dessiller les yeux;
Venez, venez nous dégager du vice
Et nous embraser de vos feux.

Ne souffrez pas, Seigneur, que la mollesse
Nous fasse tomber en langueur;
Et soutenez, mon Dieu, notre faiblesse
Par une constante ferveur.

Faites, Seigneur, que triomphant du monde,
Nous méprisions sa vanité,
Et que toujours, dans une paix profonde,
Nous marchions vers l'éternité.

·94.·

Vierge Marie,
Nous avons tous recours à vous;
Mère chérie,
Priez, priez pour nous.

Elle est pure, Marie,
Comme le rayon des cieux;
Belle toujours, jamais flétrie,
Du Seigneur elle a charmé les yeux.

C'est la douce lumière
Qui seule charme les cœurs;
Son tendre regard nous éclaire
Et sa main vient essuyer nos pleurs.

Trône de la sagesse,
Cause de notre bonheur,
Vase de la sainte allégresse,
Vrai trésor des grâces du Seigneur.

Miroir de la justice,
Tour de David, maison d'or,
Des pécheurs refuge propice,
Loin de nous elle chasse la mort.

C'est l'arche d'alliance,
C'est l'étoile du matin,
C'est le baume de l'espérance
Dans un cœur blessé par le chagrin.

C'est la reine des anges,
C'est la reine des élus ;
Au ciel tout chante ses louanges,
Ses bienfaits, sa gloire et ses vertus.

95.

Vierge sainte, rose vermeille,
Toi dont nous aimons les autels,
Du haut des cieux prête l'oreille
A nos cantiques solonnels.
Tu sais que nous voulons te plaire,
T'aimer, te bénir tous les jours.
Vierge, montre-toi notre Mère,
Toujours, toujours, toujours !

Celui qu'écrasa ta puissance
Veille à la porte de nos cœurs,
Et, pour nous ravir l'innocence,
Sous nos pas il sème des fleurs.
Pourrions-nous, ingrats, te déplaire,
Toi qui nous combles de bienfaits !
Nous t'oublier, auguste Mère !
Jamais, jamais, jamais !

Du mondain si l'indifférence
D'amertume abreuve ton cœur,
Lors même que dans ta clémence
Tu tends les bras à son malheur,
Nous, du moins, nous voulons te plaire,
T'aimer, te bénir tous les jours.
Vierge, montre-toi notre Mère...
Toujours, toujours, toujours !

Malheur à l'aveugle coupable
Qui trahirait l'heureux serment
Qu'il te fit, Reine toute aimable,
De te servir fidèlement!
Plutôt mourir que te déplaire!
Toi qui nous combles de bienfaits
Nous t'oublier, auguste Mère!
   Jamais, jamais, jamais!

96.

A toi tout mon amour!
Sainte vierge Marie!
O ma mère chérie,
Je redis chaque jour :
A toi tout mon amour.

A toi tout mon amour!
Mes chants et ma prière,
Vers toi, de cette terre,
Monteront tour-à-tour;
A toi tout mon amour.

A toi tout mon amour!
Ma joie et ma tristesse,
Redites-lui sans cesse,
Doux échos d'alentour :
A toi tout mon amour.

A toi tout mon amour!
Toi que l'ange révère,
Qu'un Dieu nomme sa mère,
Le chrétien, son secours,
A toi tout mon amour.

A toi tout mon amour!
Si le monde m'appelle,
Je te serai fidèle
Jusqu'à mon dernier jour.
A toi tout mon amour.

A toi tout mon amour !
Beau lis sans flétrissure,
J'écoute la nature
Te redire à son tour :
A toi tout mon amour.

A toi tout mon amour !
Au lever de l'aurore ;
Et je veux dire encore,
Quand finira le jour :
A toi tout mon amour.

A toi tout mon amour,
Ici-bas je soupire;
Quand donc pourrai-je dire
Dans l'immortel séjour :
A toi tout mon amour !

97.

Avant de quitter notre maître,
Jetons-nous dans son divin cœur ;
C'est là que nous pourrons nous promettre
De trouver la paix et le bonheur.
Avant, etc.

Marie, ô douce et tendre mère !
Recevez aussi nos adieux !
Ah ! conjurez Jésus et son Père
De nous placer un jour dans les cieux.
Marie, etc.

Saint Joseph, époux de Marie,
Soyez touché de notre sort;
Protégez-nous durant cette vie,
Prétégez-nous surtout à la mort.
Saint Joseph, etc.

Anges saints, nos guides fidèles,
Ah ! ne nous abandonnez pas,
Sur vos enfants étendez vos ailes,
Et vers le ciel dirigez nos pas.
Anges saints, etc.

Saint protecteur de cette église,
Pendant la nuit veillez sur nous ;
Préservez-nous de toute surprise,
Et du trépas détournez les coups.
    Saint protecteur, etc.

N'oublions pas les pauvres âmes
De nos amis, de nos parents.
Pour les tirer du milieu des flammes
Offrons à Dieu nos cœurs pénitents.
    N'oublions, etc.

93.

CHEMIN DE LA CROIX.

O crux ave spes unica.
Mundi salus et gloria (*)
Auge piis justitiam.
Reisque dona veniam.

Allant à la première station.

Suivons sur la montagne sainte
Notre Seigneur sanglant et défiguré,
    Et marchons après lui sans crainte
    Sous le poids de l'arbre sacré.

———

Sancta mater istud agas
Crucifixi fige plagas
    Cordi meo validé.

———

℣. Adoramus te Christe et benedicimus tibi.
℟. Quia per sanctam crucem tuam redemisti.
    mumdum. — Pater... Ave... Gloria.
℣. Miserere nostri Domine.
℟. Miserere nostri.
℣. Fidelium animœ per misericordiam Dei
    requiescant in pace. ℟. Amen.

(*) Dans le temps de la passion, le 2ᵉ vres se dit
ainsi : *Hoc passionis tempore.*

2e STATION.

Hélas sous cette croix pesante
Divin agneau vous portez nos péchés.
C'est sur votre chair innocente
Que l'amour les tient attachés.

3e STATION.

O ciel, le Dieu de la nature
Tombe affaibli sous son cruel fardeau,
Et sa perfide créature
Sans pitié devient son bourreau.

4e STATION.

Où allez-vous, divine Mère?
Où allez-vous Marie? ah ! je frémis.
Bientôt sur ce triste calvaire
Va mourir votre aimable fils.

5e STATION.

Puisque c'est moi qui suis coupable,
Retirez-vous, faible Cyrénéen,
Je veux seul, ô croix adorable,
Vous porter, mais en vrai chrétien.

6e STATION.

Seigneur, hélas ! qu'est devenue
Votre beauté qui réjouit les saints.
Faibles mortels, à cette vue,
Serez vous endurcis et vains.

7e STATION.

Sous les coups des bourreaux perfides,
Jésus-Christ tombe une seconde fois,
Et ces perfides déicides
Le voudraient déjà sur la croix.

8e STATION.

Ne pleurez point sur mes souffrances,
Pleurez sur vous, ô filles d'Israël,
Afin que le Dieu des vengeances
Ait pour vous un cœur paternel.

9e STATION.

Seigneur, vous tombez de faiblesse,
N'êtes vous pas le Dieu puissant et fort,
C'est le péché qui vous oppresse
Et conduit vos pas à la mort.

10e STATION.

Venez et déployez vos ailes,
Anges du Ciel sur votre créateur,
Voilez les blessures cruelles
De ce corps navré de douleur.

11e STATION.

Que faites-vous, peuple barbare?
Vous allez donc consommer vos forfaits?
Ce bois est le lit qu'on prépare
A Jésus pour tant de bienfaits..

12e STATION.

Le soleil à ce crime horrible
Voile l'éclat de son front radieux,
Et la créature insensible
Ne peut voir ce crime odieux.

13e STATION.

Le voilà donc, Mère affligée,
Ce tendre fils meurtri, sacrifié,
Votre victime est immolée,
Votre amour est crucifié.

14e STATION,

Près de cette tombe chérie
Je veux mourir de douleur et d'amour,
Pour y puiser une autre vie
Et voler au divin séjour.

Seigneur, en mon âme attendrie,
Gravez les maux qu'on vous a fait souffrir;

Et vous, ô divine Marie,
Hâtez-vous de nous secourir.

PRIÈRE DE SAINT BERNARD.

Souvenez-vous, ô très-pieuse Vierge Marie, qu'on n'a jamais entendu dire qu'aucun de ceux qui ont eu recours à votre protection, imploré votre secours et demandé vos suffrages, ait été abandonné. Animé d'une pareille confiance, ô Vierge, Mère des vierges, je cours et viens à vous, gémissant sous le poids de mes péchés! Je me prosterne à vos pieds, ô Mère du Verbe, ne méprissez pas mes prières, mais écoutez-les favorablement et daignez les exaucer!...

Faites voir que vous êtes véritablement notre mère, et que celui qui, pour nous sauver, voulut bien naître de vous, reçoive, par vous, nos très-humbles prières!... O Marie! conçue sans péché, priez pour nous, qui avons recours à vous!!!

FIN.

TABLE

DES CANTIQUES.

Adoro te supplex. 1
Ave Maris stella. 2
Ave Verum. 3
Bone Pastor. 4
Calicem 5
Kyrie eleïson. 6
Lœtatus sum. 7
Magnificat. 8
Omni die. 9
O Salutaris. 10
Panis angelicus. 11
Regina cœli. 12
Tantùm ergo. 13
Adressons notre hommage. 14
Aimons Jésus. 15
Au Dieu d'amour 16
Au fond des brûlants abîmes. 17
Au sang qu'un Dieu va répandre. 18
Aux chants de la reconnaissance. 19
Beau Ciel. 20
Bénissons à jamais. 21
Bravons les enfers. 22
C'est le nom de Marie. 23
C'est trop longtemps. 24
Chantons, chantons. 25
Comblez mes vœux. 26
Dans ce profond mystère. 27
De la Reine des Cieux. 28
De nouveaux feux. 29

D'être enfant de Marie............... 30
Dieu va déployer sa puissance......... 31
Divine Marie...................... 32
Du beau mois de Marie.............. 33
Du haut des Cieux................. 34
Du haut du céleste séjour........... 35
D'une Mère chérie................. 36
Du Roi des Cieux................. 37
En ce jour...................... 38
Enfin, d'une froide nature........... 39
Esprit d'amour.................. 40
Esprit saint descends............... 41
Esprit saint descendez en nous........ 42
Esprit saint, Dieu de lumière.... 43
Hélas! quelle douleur.............. 44
Heureux enfants.................. 45
Heureux qui dès son enfance.......... 46
J'entends le monde qui m'appelle...... 47
Je mets ma confiance.............. 48
Je viens, mon Dieu.............. 49
Jour mille fois heureux 50
L'encens divin.................... 51
Le Seigneur à daigné.............. 52
Les anges dans nos campagnes....... .. 53
Mon Dieu, mon cœur touché.......... 54
Mon doux Jésus.................. 55
Ne tardons plus.................. 56
Nous qu'en ces lieux.............. 57
O divine enfance................. 58
O mon Jésus! ô pain de vie.......... 59
O Prodige d'amour............... 60
O Roi des Cieux................. 61
O saint autel.................... 62
O Sion, séjour de délices........... 63
Oui je t'aime, ô Marie.............. 64
Où va ma mère bien-aimée.......... 65
Par les chants les plus magnifiques.... 66
Peuple infidèle.................. 67

Pourquoi cette vive allégresse........... 68
Prévenons les feux de l'aurore........ 69
Priez pour nous.................... 70
Puissante protectrice................ 71
Quand l'eau sainte du baptême........ 72
Quand te verrai-je................ 73
Qu'aux vœux du mondain.......... 74
Quel doux penser................. 75
Qui dira tes grandeurs............. 76
Qu'ils sont aimés................. 77
Reçois nos hommages............. 78
Recueillons-nous................. 79
Reine des Cieux, de notre tendresse.... 80
Reine des Cieux, jette les yeux....... 81
Reviens pécheur.................. 82
Souvenez-vous, ô pieuse Marie........ 83
Souvenez-vous, ô tendre mère........ 84
Tendre Marie.................... 85
Tout n'est que vanité.............. 86
Travaillez à votre salut............. 87
Triomphe, victoire................ 88
Trop heureux enfants de Marie....... 89
Un Dieu vient se faire entendre....... 90
Un fantôme brillant............... 91
Venez divin Messie................ 92
Venez, venez Créateur de nos âmes..... 93
Vierge Marie.................... 94
Vierge sainte, rose vermeille......... 95
A toi tout mon amour.............. 96
Avant de quitter notre maître........ 97
Chemin de la Croix............... 98
Prière de Saint-Bernard.

www.ingramcontent.com/pod-product-compliance
Lightning Source LLC
Chambersburg PA
CBHW060603100426
42744CB00008B/1301